Daniel Timm

Dschihadismus in Pakistan

Studien zum Modernen Orient 25

Daniel Matthias Timm

Dschihadismus in Pakistan

Geschichte • Entwicklung • Perspektiven

KLAUS SCHWARZ VERLAG • BERLIN

Bibliografische Information der Deutschen Bibliothek
Die Deutsche Bibliothek verzeichnet diese Publikation in der
Deutschen Nationalbibliografie; detaillierte bibliografische Daten
sind im Internet über *http://dnb.ddb.de* abrufbar.

Titelbild: Umschlag einer Urdu-Originalausgabe von
M. Azhar: The Virtues of Jihad (Fażā'il-e ǧihād), published by
Ahle Sunnah Wal Jama'at, Islamabad 1996 (www.muslimtents.com)

www.klaus-schwarz-verlag.com

© 2013 by Klaus Schwarz Verlag GmbH
Erstausgabe
1. Auflage
Herstellung: J2P Berlin
Gedruckt auf chlorfrei gebleichtem Papier
Printed in Germany
ISBN 978-3-87997-413-9

INHALTSVERZEICHNIS

Vorwort

Pakistan, ein junger Vielvölkerstaat auf dem antiken Siedlungsgebiet der bis ins 3. Jahrtausend v. Chr. zurückreichenden Indus-Zivilisation, führte bis zum 11. September 2001 ein kaum beachtetes Schattendasein an der Peripherie der internationalen Berichterstattung. Als Heimstätte einer rasch wachsenden Population von über 170 Millionen Menschen beherbergt die islamische Republik noch heute eine facettenreiche Mischung unterschiedlichster Kulturen.[1] Gleichzeitig haben linguistische, konfessionelle und regionale Konflikte die Suche nach einer gemeinsamen nationalen Identität immer wieder erschwert. Dabei kann der Ausspruch des Politikers *Walī Ḫān* (1917–2006), er sei seit 4000 Jahren Paschtune, seit 1400 Jahren Muslim und seit 40 Jahren Pakistani, durchaus als Sinnbild für die innere Zerrissenheit der pakistanischen Gesellschaft gelten.[2] Zu allem Überfluss erbte das Land in Folge der im August 1947 erlangten Unabhängigkeit von Großbritannien einen folgenschweren Territorialkonflikt mit dem zeitgleich gegründeten Rivalen Indien, der keine drei Monate nach dem Abzug der Kolonialmacht zum ersten von insgesamt drei indo-pakistanischen Kriegen führte.

Noch heute bilden die ungelösten Besitzverhältnisse um die von beiden Seiten beanspruchte Kaschmirregion den Kern einer erbitterten Feindschaft zwischen den Nachbarländern. Trotz erfolgreicher Atomwaffentests beider Kontrahenten im Mai 1998 ist der Konflikt auch in der Folgezeit immer wieder militärisch eskaliert.[3] Zwar unterliegt der Zugriff auf Islamabads nukleares Arsenal nach Ansicht von Experten

---

1 Die Angaben zur pakistanischen Bevölkerungsentwicklung beruhen auf Erhebungen der Weltbank aus dem Jahr 2009. Vgl. Data: Pakistan, in: The World Bank, (www.data.worldbank.org).

2 Siehe I. Talbot: Pakistan: A Modern History, London, 1998, S. 1.

3 J. Scholz: Der Pakistan-Komplex: Ein Land zwischen Niedergang und Nuklearwaffen, München, 2008, S. 159.

hohen Sicherheitsstandards,[4] vom Verkauf militärisch nutzbarer Technologien durch den Proliferationsbetrieb des pakistanischen Wissenschaftlers *ʿAbdulqādir Ḫān* hat sich Islamabads Reputation als in sicherheitspolitischen Fragen unzuverlässiger Partner jedoch noch immer nicht erholt.[5] Dies gilt auch für ein weiteres Thema, das die überwiegend negative Außenwahrnehmung des Landes seit den verheerenden Anschlägen von New York und Washington wie kein zweites dominiert: Pakistans Rolle als Epizentrum globaler islamistischer Militanz.[6]

Tatsächlich lassen sich die Ursprünge des 1984 mit saudi-arabischer Unterstützung gegründeten *al-Qāʿida*-Vorläufers *Maktab al-Ḫadamāt* eindeutig nach Peschawar zurückverfolgen.[7] Unabhängig von der Festnahme zahlreicher Gefolgsleute von *Usāma b. Lādin* in pakistanischen Großstädten zeigt nicht nur die Ausbildung im Westen aufgewachsener Dschihadisten durch ortsansässige Kräfte, dass das Land seinem schlechten Ruf in vielen Punkten nach wie vor gerecht wird.[8] Auch die pakistanische Bevölkerung, die den islamistischen Parteien bei den jüngsten Parlamentswahlen im Februar 2008 lediglich 1,8 Prozent der Senatssitze zusprach und ihnen so eine herbe Niederlage be-

---

4 A. Koch/K. Rayhack: Political Fallout: The threat to Pakistan's nuclear stability, in: Jane's Intelligence Review, Volume 20, No.1, 01/2008, S. 48.

5 S. Harnisch: Das Proliferationsnetzwerk um A.Q. Khan, in: Aus Politik und Zeitgeschichte 48, 11/2005, S. 28.

6 Der Islamismus vertritt im Wesentlichen die politische Forderung nach der Wiedereinführung der islamischen Rechtsordnung (šarīʿa), der eine Lösung für sämtliche Probleme zugeschrieben wird. Entsprechend verstehen sich seine Anhänger als Träger eines allumfassenden, perfekten Gesellschaftssystems. Vgl. R. Elger (Hrsg.): Kleines Islam Lexikon: Geschichte, Alltag, Kultur, 5. aktual. u. erw. Auflage, München, 2008, S. 106.

7 Arabisch: مكتب الخدمات „Dienstleistungsbüro". Die zentrale Anlaufstelle für internationale Freiwillige im Kampf gegen die Sowjets in Afghanistan erstellte kurz vor deren Abzug eine Datenbank, in der vor allem arabische Veteranen geführt wurden. Diese trug den Namen *al-qāʿida* (die Basis). Vgl. G. Steinberg: Der nahe und der ferne Feind: Die Netzwerke des islamistischen Terrorismus, München, 2005, S. 47.

8 C. Lamb: Just whose side is Pakistan really on?, in: The Sunday Times, 13.08.2006, (timesonline.co.uk).

8

scherte, leidet seit Jahren unter der Ausbreitung religiös motivierter Gewalt.[9] So starben allein Ende 2009 hunderte Menschen bei einer Serie von Selbstmordattentaten auf Militäreinrichtungen, Bazare und Moscheen.[10]

Obwohl sich die ideologischen Wurzeln gewaltbereiter radikalislamischer Strömungen in der Region bis in die Ära britischer Kolonialherrschaft zurückverfolgen lassen, ist die zu diesem spezifischen Aspekt publizierte Fachliteratur selbst im angelsächsischen Sprachraum noch immer recht überschaubar.[11] Dabei hat der indische Journalist *Praveen Swami* bereits 2003 auf die möglicherweise abschreckende Komplexität des von ständigen Metamorphosen geprägten Themenfeldes verwiesen und die Analyse dschihadistischer Gruppierungen vollkommen zutreffend als „House of Horrors" bezeichnet.[12] Während das nur schwer zu entschlüsselnde Geflecht aus persönlichen Verbindungen und wechselhaften Allianzen eine historisch fundierte Auseinandersetzung mit dem Phänomen islamistischer Militanz tatsächlich massiv erschwert, scheint sich die für die deutsche Forschung bereits wenig schmeichelhafte Zurückhaltung fatalerweise auch auf politischer Ebene fortzusetzen. So begann die Bundesregierung trotz einer bis ins Jahr 2001 zurückreichenden militärischen Präsenz im benachbarten Afghanistan erst 2008 mit der Grundlagenarbeit für eine die normale Entwicklungshilfe ergänzende, aktive Pakistanpolitik.[13]

---

9   J. Hippler: Das gefährlichste Land der Welt? Pakistan zwischen Militärherrschaft, Extremismus und Demokratie, Köln, 2008, S. 110.

10   I. Malik: Pakistan: Democracy, Terror and the Building of a Nation, London, 2010, S. 6.

11   N. Howenstein: The Jihadi Terrain in Pakistan: An Introduction to the Sunni Jihadi Groups in Pakistan and Kashmir, in: Pakistan Security Research Unit, Research Report 1, 05.02.2008, S. 41.

12   P. Swami: Terrorism in Jammu and Kashmir in Theory and Practice, in: India Review, Volume 2, No. 3, 07/2003, S. 56.

13   G. Steinberg: Im Visier von Al-Qaida: Deutschland braucht eine Anti-Terror-Strategie, Hamburg, 2009, S. 77.

Anmerkung des Autors

Das Typoskript dieser Arbeit beruht auf umfangreichen Recherchen des Autors und wurde im Februar 2011 abgeschlossen. Deshalb konnten spätere Ereignisse wie etwa die Eliminierung *Osama bin Ladins* oder die juristische Aufarbeitung der sog. *Sauerland-Zelle* in diesem Werk nicht mehr berücksichtigt werden.

1 Südasien: Im Epizentrum globaler islamistischer Militanz

1.1 Terminologie und Methodik

Die Auseinandersetzung mit dschihadistischen Bewegungen als militanter Variante des Islamismus führt zwangsläufig zu einer starken Fokussierung auf einen geringen Teil der muslimischen *umma*.[14] Pauschalisierende Aussagen über die rund 1,57 Milliarden Menschen umfassende, äußerst heterogene Glaubensgemeinschaft sind zwar grundsätzlich problematisch.[15] Dennoch können Schätzungen, wonach lediglich ein Prozent aller Muslime zur gewaltsamen Durchsetzung eines religiös begründeten Hoheitsanspruchs bereit ist, durchaus als realistische Größe gelten.[16] Somit vertreten die Dschihadisten selbst innerhalb eines breiteren islamistischen Spektrums eine absolute Minderheit. Obwohl eine systematische Ausbreitung fundamentalistischer Ansätze frühestens seit dem 18. Jahrhundert n. Chr. nachweisbar ist und somit einen verhältnismäßig jungen Teilaspekt der über 1400-jährigen islamischen Geschichte ausmacht, wird dieser in der öffentlichen Wahrnehmung jedoch immer wieder auf die gesamte Religion projiziert. In diesem Zusammenhang tritt das mit dem Begriff Dschihadismus auch in der Forschung oft synonym verwendete Schlagwort des islamistischen Terrorismus besonders häufig hervor.

Dabei beschäftigt die Suche nach einer allgemein anerkannten Definition des Begriffs – unabhängig von einem religiösen Kontext – die interdisziplinäre Forschung seit mehr als einem halben Jahrhundert. So vermerkte *Alex P. Schmid* bereits 1984: „Academic researchers from

---

14 Arabisch: الأمة الإسلامية „Die islamische Gemeinschaft".

15 L. Lugo (Hrsg.): Mapping the Global Muslim Population: A Report on the Size and Distribution of the World's Muslim Population, Washington, 2009, S. 1, (www.pewforum.org).

16 W. Dietl/K. Hirschmann/R. Tophoven: Das Terrorismus-Lexikon: Täter, Opfer, Hintergründe, Frankfurt am Main, 2006, S. 24.

many fields [...] have spilled almost as much ink as the actors of terrorism have spilled blood."[17] Obwohl seine abschließende, erstmals 1988 formulierte Eingrenzung des Begriffs zweifellos stichhaltig und vor allem im akademischen Bereich weit verbreitet ist, stützt sich die vorliegende Arbeit auf die wesentlich kompaktere Terrordefinition *Jessica Sterns* aus dem Jahr 1999.[18] Diese hält sich in Bezug auf die Motivation der jeweiligen Akteure bewusst zurück und benennt stattdessen die Auswahl so genannter weicher Ziele als zentrales Wesensmerkmal des Phänomens: „[Terrorism is] an act or threat of violence against noncombatants with the objective of exacting revenge, intimidating, or otherwise influencing the audience."[19]

Folgt man dieser Betrachtungsweise, so zeigt sich, dass eine automatische Gleichsetzung von Militanz und Terrorismus irreführend ist. Letzterer macht zwar eine überaus wirksame Facette des Handlungsrepertoires zahlreicher Dschihadisten aus. Dennoch finden sich unter den extremistischen Gruppierungen Pakistans sowohl Akteure, die einen Großteil ihrer Reputation aus der medial inszenierten Tötung von Zivilisten schöpfen, als auch solche, die versuchen, derartige Opfer nach Möglichkeit zu vermeiden. Eine sparsame Verwendung des Begriffs Terrorismus ist daher durchaus angebracht.[20] Unstrittig hingegen ist, dass die religiöse Legitimation von Gewalt zur Durchsetzung des

---

17 A. P. Schmid/A. J. Jongman: Political Terrorism, 3rd Edition, London, 2005, S. XIII.

18 „Terrorism is an anxiety-inspiring method of repeated violent action, employed by (semi-) clandestine individual, group or state actors, for idiosyncratic, criminal or political reasons, whereby – in contrast to assassination – the direct targets of violence are not the main targets. The immediate human victims of violence are generally chosen randomly (targets of opportunity) or selectively (representative or symbolic targets) from a target population, and serve as message generators. Threat- and violence-based communication processes between terrorist (organization), (imperilled) victims, and main targets are used to manipulate the main target (audience(s)), turning it into a target of terror, a target of demands, or a target of attention, depending on whether intimidation, coercion, or propaganda is primarily sought". A.P. Schmid/A.J. Jongman: Political Terrorism, S. 28.

19 J. Stern: The Ultimate Terrorists, Cambridge, 1999, S. 11.

20 G. Steinberg: Der nahe und der ferne Feind, S. 14.

12

eigenen Machtanspruchs letztlich alle dschihadistischen Organisationen eint. Dieser Feststellung schließt sich zwangsläufig die Frage nach den ideologischen Grundlagen einer derart radikalen Islaminterpretation an, wobei auch hier keine einheitliche Terminologie besteht. So existieren mindestens zwei historische Traditionslinien, denen ein maßgeblicher Einfluss auf die ideologische Prägung zeitgenössischer Extremisten zugeschrieben wird: Die im 18. Jahrhundert auf der arabischen Halbinsel gegründete *wahhābīya* sowie die seit dem späten 19. Jahrhundert nachweisbare *salafīya* mit einer starken Präsenz im damals unter britischer Kontrolle stehenden Ägypten.[21]

Beide Strömungen wiesen von Beginn an zahlreiche ideologische Schnittmengen auf, die sich unter anderem bis zu den Werke des mittelalterlichen Gelehrten *Taqīuddīn Aḥmad b. Taimīya* (1263–1328) zurückverfolgen lassen. Zwar werden die durchaus markanten historischen Unterschiede zwischen ihren Anhängern im weiteren Verlauf der vorliegenden Arbeit noch einer genaueren Betrachtung unterzogen. Trotzdem hat die bei vielen modernen islamistischen Bewegungen anzutreffende Synthese beider Denkschulen dazu geführt, dass diese heutzutage meist gleichbedeutend verwendet werden.[22] Auch in der Terrorismusforschung hat sich der Terminus des „salafistischen Dschihadismus" als Sammelbegriff für militante Islamisten – speziell im Zusammenhang mit transnational operierenden Netzwerken – längst etabliert.[23] Dessen ungeachtet finden sich gerade in Pakistan noch immer zahlreiche lokale Gruppen, denen dieses Schema nicht gerecht wird.

---

21 G. Steinberg: Saudi-Arabien: Politik, Geschichte, Religion, München, 2004, S. 151.

22 Vor allem die Anhänger der *wahhābīya* versuchen, jedem Anschein einer Beigesellung Gottes (*širk*) entgegenzuwirken. So bezeichnen sie sich in Saudi-Arabien u.a. als *ahl at-tauḥīd*, in Pakistan hingegen als *ahl-e ḥadīṯ*. Vgl. G. Steinberg: Saudi-Arabien, S. 36; H. Haqqani: The Ideologies of South Asian Jihadi Groups, in: Current Trends in Islamist Ideology, Volume 1, Washington, 2005, S. 23.

23 D. Holbrook: Using the Qur'an to Justify Terrorist Violence: Analysing Selective Application of the Qur'an in English-Language Militant Islamist Discourse, in: Perspectives on Terrorism, Volume IV, Issue 3, 07/2010, S. 6, vgl. G. Steinberg: Der nahe und der ferne Feind, S. 21.

Dies gilt unter anderem für die 1941 gegründete *Ǧamāʿat-e Islāmī* (JI) des Schriftstellers *Abū l-Aʿlā Maudūdī*, die noch heute die einflussreichste islamistische Partei des Landes stellt.[24] In ihrem Fall lassen sich sowohl Verbindungen zum salafistischen Reformislam ägyptischer Prägung als auch zum saudischen Wahhabismus nachweisen. Gleichzeitig haben die Ideen ihres auch außerhalb Südasiens prominenten Vordenkers einen erheblichen Einfluss auf beide Strömungen ausgeübt, sodass durchaus von einer starken Wechselwirkung ausgegangen werden kann. Im Gegensatz zur relativ geschlossen auftretenden Anhängerschaft *von Maudūdī* haben andere radikale Bewegungen in der Region auch bei vergleichbaren ideologischen Grundlagen oft vollkommen unterschiedliche Wege eingeschlagen. So verbreiteten die kleinen *Ahl-e Ḥadīṯ*-Gemeinden Pakistans die Lehren der *wahhābīya* bereits im ersten Drittel des 19. Jahrhunderts und haben seither unbeirrt an ihrer extrem verengten Islaminterpretation festgehalten – ein Umstand, der sie bis heute von einem Großteil der pakistanischen Muslime isoliert.

Dem gegenüber steht die 1867 gegründete, überaus einflussreiche Schule von Deoband, die die Lehren der *wahhābīya* rasch an lokale Gegebenheiten anpasste und derart weiterentwickelte, dass sie sich ohne Weiteres als eigenständige, südasiatische Bewegung klassifizieren lässt. Während die historisch einflussreichsten militanten Strömungen des sunnitischen Islam in Pakistan damit bereits grob umrissen sind, bietet sich zur weiteren Vertiefung des Themas die Analyse folgender Akteure an, die nach ihren unterschiedlich ausgeprägten Organisationsgraden aufgeführt sind. Als Fallbeispiele dienen dabei die *Ḥizb ul-Muǧāhidīn* (HM) als hochdisziplinierter militärischer Flügel der JI, die von *Ḥāfiẓ Moḥammed Saʿīd* gegründete Terrorgruppe *Laškar-e Ṭaiba* (LeT) als Vertreterin der *Ahl-e Ḥadīṯ* sowie die relativ junge *Ǧaiš-e Moḥammed* (JeM) des Klerikers *Maulānā Moḥammed Masʿūd Azhar* als eine der radikalsten bewaffneten Deobandi-Organisationen Südasiens.

Dabei versucht der Autor durch einen chronologischen Überblick über die Entstehungsgeschichte Pakistans zunächst die wichtigsten historischen Wegmarken im Kontext der Ausbreitung islamistischer

---

24   Urdu: جماعت اسلامى „Islamische Vereinigung“.

Militanz in der Region herauszuarbeiten. Dem folgt die eigentliche Analyse anhand einer dreigliedrigen Vorgehensweise, bei der zunächst ein Blick auf die Genese des jeweiligen Fallbeispiels als Basis für dessen weitere Untersuchung dient. An zweiter Stelle steht die Betrachtung der geistig-konzeptionellen Grundlagen anhand ausgewählter Quellen, die sich explizit auf den bewaffneten *ǧihād* beziehen und den eigentlichen Kern der Arbeit bilden. Als dritter Schritt schließt sich eine Untersuchung der Dschihadpraxis an, da eine reine Ideologiestudie in Bezug auf die tatsächlichen Kapazitäten der Akteure nicht aussagekräftig genug ist, um deren Absichten und Fähigkeiten abschließend miteinander zu vergleichen.

1.2 Einführung und Fragestellung

Folgt man den gängigen Erklärungsmustern der zeitgenössischen Forschung, gehören interne Differenzen über die Reihenfolge der zu bekämpfenden Gegner seit Jahrzehnten zu den wichtigsten analytischen Unterscheidungsmerkmalen dschihadistischer Organisationen. Dies gilt insbesondere für die pakistanisch-afghanische Grenzregion. Als ehemaliges Aufmarschgebiet internationaler Freiwilliger im Kampf gegen die sowjetische Besatzung Afghanistans (1979–1989) beherbergen die *Federally Administered Tribal Areas* (FATA) und die *North-West Frontier Province* (NWFP) bis heute die weltweit höchste Konzentration militanter Islamisten.[25]

Entsprechend dem breiten Spektrum extremistischer Strömungen offenbarte sich bereits nach der ersten Hälfte des afghanischen *ǧihād* eine starke Konkurrenz zwischen ihren theoretischen Vordenkern.[26] So propagierte der palästinensische Religionsgelehrte ʿAbdallāh Yūsuf ʿAzzām nach seiner Ankunft in Pakistan 1981 erstmals ein weltumspannendes ideologisches Konzept, das der Befreiung muslimischer

---

25 Tribal tribulations, in: Jane's Intelligence Review, Volume 21, Number 02, 02/2009, S. 6.

26 Wie das Wort *muǧāhid* hat der Begriff *ǧihād* seine Wurzel im arabischen Verb جهد , was „sich anstrengen" oder „sich abmühen" bedeutet. Ein *muǧāhid* war nach eigenem Verständnis ein Soldat Gottes. Im Kontext des afghanischen *ǧihād* ist eine andere Übersetzung als „Heiliger Krieg" irreführend.

Gebiete aus der Hand ungläubiger Truppen oberste Priorität zuwies.[27] Neben seinem theologischen Wirken unterstützte er den *ǧihād* in Afghanistan zudem durch die gezielte Rekrutierung tausender hoch motivierter Freiwilliger, vor allem aus dem arabischen Ausland. Trotz des starken Einflusses *'Azzāms* auf die so genannten „arabischen Afghanen" stießen seine Gedanken besonders innerhalb der ägyptischen Kontingente auf breite Ablehnung. Vor dem Hintergrund massiver Verfolgung in ihrer Heimat verstanden diese den heiligen Krieg in erster Linie als bewaffneten Kampf gegen muslimische Tyrannen. Angelehnt an die Schriften von *Saiyid Quṭb* und *Muḥammad 'Abdassalām Faraǧ* galt ihnen die Bekämpfung ungläubiger Gegner als zweitrangig.[28] Dabei entschärften sich die Streitigkeiten erst nach dem gewaltsamen Tod von *'Azzām* 1989 unter dem wachsenden Einfluss von *b. Lādin*. Dieser vertrat die Ansicht, der *ǧihād* könne sowohl gegen den „nahen" als auch gegen den „fernen Feind" in vielen Ländern gleichzeitig gekämpft werden.[29]

Dennoch hat die grobe Unterscheidung gewaltbereiter islamistischer Strömungen entlang beider strategischer Pole noch immer Bestand. Vor allem im afghanisch-pakistanischen Kontext ist ihre Persistenz dem verständlichen Bedürfnis geschuldet, das stark zerklüftete dschihadistische Terrain durch möglichst saubere Trennlinien gliedern

---

27 Die Brisanz des defensiven *ǧihād* von *'Azzām* liegt neben der globalen Ausdehnung der zu befreienden Gebiete vor allem darin begründet, dass er diesen zu einer persönlichen Pflicht (*farḍ al-'ain*) jedes Gläubigen erklärt, der ebenso nachzukommen ist wie dem Gebet (*ṣalāt*) und dem Fasten (*ṣaum*) im Monat *ramaḍān*. Vgl. 'A. 'Azzām: *ad-Difā' 'an arāḍī l-muslimīn ahamm furūḍ al-a'yān, farḍ al-'ain wa farḍ al-kifāya*, (www.tawhed.ws).

28 Paradoxerweise lehnt *Faraǧ* den Kampf gegen den fernen Feind ab, verteidigt aber gleichzeitig den offensiven *ǧihād*, also den Angriff auf Ungläubige in ihren Heimatländern. So weist er die Aussage, dass der heilige Krieg ein Mittel der Verteidigung sei und der Islam nicht mit dem Schwert verbreitet wurde, als falsch zurück. Letztlich empfiehlt er die gewaltsame Islamisierung jedoch nur gegen Herrscher, die den Glauben verschleiern, was den Bezug zum nahen Feind in seiner Heimat wieder greifbar macht. Vgl. 'A. Faraǧ: *The Absent Obligation (al-Ǧihād: al-farīḍa al-ġā'iba)*, Pakistan, 2000 (Neuauflage), S. 49.

29 G. Steinberg: Der nahe und der ferne Feind, S. 47.

zu wollen. Dies gilt sowohl für die interfraktionelle Zersplitterung von Gruppierungen, als auch für deren Abgrenzung nach außen. Tatsächlich trennten die junge *al-Qāʿida* und indigene Kämpfer bereits kurze Zeit nach dem Ende des sowjetisch-afghanischen Krieges grundverschiedene Ziele.[30] Das wohl bekannteste Beispiel in diesem Zusammenhang ist die Talibanbewegung, die vor ihrem Kontakt zu *b. Lādin* 1996 keine antiwestliche Agenda verfolgte, nach internationaler Anerkennung strebte und bis ins Jahr 2001 fast ausschließlich in Afghanistan kämpfte.[31] Zu diesem Zeitpunkt hatte sich *al-Qāʿida* längst durch spektakuläre Attacken auf den „fernen Feind" als global operierendes Terrornetzwerk etabliert.

Die naheliegende Arbeitsteilung zwischen internationalen Dschihadisten und ihren überwiegend paschtunischen Gastgebern hat das Bild der ungleichen Bündnispartner bis heute nachhaltig geprägt. Gegenwärtig stehen zwar auch die *Ṭālibān* in direkter Konfrontation mit dem „fernen Feind" auf eigenem Boden.[32] Nach Ansicht des australischen Counterinsurgency-Experten *David Kilcullen* ist dies jedoch vor allem der Strategie von *al-Qāʿida* geschuldet, die einem immer wiederkehrenden Muster folgt: Zunächst setzt sich die Organisation in einer entlegenen, für staatliche Autoritäten schwer zugänglichen Krisenregion fest, nutzt diese als Basis zum Export von Gewalt und provoziert so eine westliche Intervention, die schließlich eine massive Abwehrreaktion lokaler Kräfte zur Folge hat.[33] Trotz der Schlüssigkeit des von

---

30 M. Abou Zahab/O. Roy: Islamist Networks: The Afghan-Pakistan Connection, London, 2002, S. 47.

31 A. Rashid: Taliban: Afghanistans Gotteskrieger und der Dschihad, 2. überarbeitete Auflage, München, 2001, S. 237.

32 Paschtu: طالبان „Studenten". Gegenwärtig bezeichnet der Begriff *ṭālibān* eine Vielzahl von Kommandeuren, Drogenhändlern, Stammesmilizen und einfachen Kriminellen, die je nach Kontext mit- oder gegeneinander kämpfen. Der von der NATO gewählte Sammelbegriff Taliban/Insurgents (TB/INS) trägt diesem Umstand schon seit geraumer Zeit Rechnung. Vgl. C. Schetter: Talibanistan – Der Anti-Staat, in: Internationales Asienforum, Ausgabe 38, Nr. 3-4, 2007, S. 236.

33 D. Kilcullen: The Accidental Guerrilla: Fighting Small Wars in the Midst of a Big One, New York, 2009, S. 34.

ihm beschriebenen „accidental guerrilla syndrome" mehren sich in jüngster Zeit die Anzeichen, dass insbesondere pakistanische Dschihadisten bemüht sind, aus ihrer historischen Rolle als regional agierende Kämpfer auszubrechen. So drohte der Führer der *Teḥrik-e Ṭālibān Pākistān* (TTP), *Baitullāh Meḥsūd*, knapp vier Monate vor seinem Tod im August 2009 mit Attentaten in der amerikanischen Hauptstadt Washington.[34] Auch sein Nachfolger *Ḥakīmullāh Meḥsūd* suggerierte nach dem gescheiterten Anschlag auf dem New Yorker Times Square am 1. Mai 2010 eine Beteiligung seiner Organisation und kündigte Anschläge auf Ballungszentren in den Vereinigten Staaten an, in die seine Kämpfer bereits eingedrungen seien.[35]

Obwohl die Fähigkeit der Gruppe zu globalen Operationen von US-amerikanischen Sicherheitsbehörden infrage gestellt wird, ist die TTP mit ihrer rhetorischen Abkehr vom regional begrenzten Kampf keinesfalls allein.[36] Auch andere in Pakistan ansässige Extremisten wie die LeT propagieren seit Jahren einen permanenten, globalen *ǧihād*. Vor diesem Hintergrund widmet sich die vorliegende Arbeit zunächst der Beurteilung des transnationalen Potenzials der ausgewählten Fallbeispiele in Theorie und Praxis. Abschließend steht die Frage im Vordergrund, ob die klassische Zweiteilung dschihadistischer Organisationen in global agierende Terroristen und im regionalen Kontext verhaftete Kämpfer angesichts zeitgeschichtlicher Entwicklungen weiterhin zielführend ist.

1.3 Forschungsstand und Quellenlage

Seit der Enthauptung des US-amerikanischen Journalisten *Daniel Pearl* im Januar 2002 in Karatschi sind die mit investigativen Recherchen im Umfeld des pakistanischen Dschihadismus verbundenen hohen Risiken

---

34 Pakistan's jihad collective, in: Jane's Terrorism and Security Monitor Online, 11.05.2009, (www.janes.com).

35 *Ḥ. Meḥsūd*: Videobotschaft *bayān min al-amīr Ḥakīmullāh Masʿūd* [sic] *wa baṭṭ al-mūʾminīn bi-halāk al-kāfirīn*, Minute 04:50-04:55, angeblich vom 04.04.2010, (www.archive.org).

36 A. Barrowclough: 'Dead' Pakistan Taliban Leader threatens US strikes 'in a month', in: Times Online, 03.05.2010, (www.thetimes.co.uk).

allgemein bekannt. Auch heute zählt die Menschenrechtsorganisation *Reporter Ohne Grenzen* Pakistan noch immer zu den weltweit gefährlichsten Ländern für Medienmitarbeiter.[37] Während sich die angespannte Sicherheitslage unter anderem in der geringen Anzahl ausländischer Korrespondentenbüros widerspiegelt, werden einheimische Journalisten immer wieder unter Druck gesetzt, entführt oder im Zusammenhang mit ihrer Arbeit getötet.[38] Dabei beschränkt sich der Kreis der Verdächtigen keinesfalls nur auf organisierte Kriminelle und gewaltbereite Islamisten. Auch pakistanischen Sicherheitskräften wird regelmäßig vorgeworfen, gezielt gegen unliebsame Journalisten vorzugehen. So wurde beispielsweise der für die Tageszeitung *The News* arbeitende Redakteur ʿOmar Ḥêma am 4. September 2010 von mehreren Männern in Polizeiuniformen entführt und über sechs Stunden gefoltert, gedemütigt und vor seiner Freilassung massiv bedroht.[39] Da die lokalen englischsprachigen Print- und Onlinemedien zahlreiche wichtige Detailinformationen zu dieser Arbeit beigesteuert haben, verdient der persönliche Einsatz ihrer Mitarbeiter, ebenso wie der ihrer Kollegen in anderen pakistanischen Redaktionen, zweifellos besondere Anerkennung.

Gleichwohl ist die kritische Distanz gegenüber sämtlichen Presseberichten, die sich mit der Materie des gewaltbereiten Islamismus auseinandersetzen, auch hier aus einem einfachen Grund zu wahren: Ein Großteil der vorhandenen Erkenntnisse über entsprechende Gruppierungen stammt aus dem Umfeld pakistanischer, indischer oder westlicher Nachrichtendienste, ohne dass diese als Urheber erkennbar sind. Das eigentliche Dilemma liegt jedoch darin begründet, dass die konspirative Natur des Themenkomplexes – insbesondere im Falle des trans-

---

37　Pakistan: Reporter ermordet, Anschlag auf Presseclub, weitere Journalisten bedroht, in: Reporter ohne Grenzen Online, 19.02.09, (www.reporter-ohne-grenzen.de).

38　So unterhält die *Deutsche Presseagentur* (dpa) als einziges deutsches Medium eine ständige Vertretung in Karatschi, die jedoch mit einheimischen Mitarbeitern besetzt ist. Vgl. J. Scholz: Der Pakistan-Komplex, S. 23.

39　Abduction, torture of Umar Cheema, in: Daily Times Online, 07.09. 2010, (www.dailytimes.com.pk).

nationalen Terrorismus – den wenigen vorhandenen Hinweisen automatisch eine hohe Anziehungskraft verleiht.[40] Folglich hat die problematische Vermischung journalistischer Darstellungsformen und staatlicher Informationspolitik längst Einzug in die Forschungsliteratur gefunden. Auch dort, wo die offiziellen Angaben von Sicherheitsbehörden wie in der vorliegenden Arbeit besonders gekennzeichnet wurden, sind diese weiterhin mit der gebotenen Vorsicht zu behandeln und im jeweiligen Kontext zu interpretieren.

Als leichter zu erschließendes Feld hingegen erscheinen die von dschihadistischen Organisationen selbst bereitgestellten Auskünfte, die, adäquate Sprachkenntnisse vorausgesetzt, mühelos über das Internet abrufbar sind. Obwohl die meisten dieser Websites sich noch immer an primär arabischsprachige Zielgruppen wenden, lässt sich der Trend hin zu multilingualen Auftritten seit mehreren Jahren beobachten. Bereits 2006 fanden sich sowohl auf offiziellen Seiten als auch in extremistischen Foren zahlreiche Beiträge auf Englisch und in anderen europäischen Sprachen, darunter Spanisch, Französisch, Niederländisch und Schwedisch.[41] Auch pakistanische Dschihadisten haben längst Anschluss an diese Entwicklung gefunden und nutzen eine teils beachtliche Palette unterschiedlicher Medien zur Verbreitung ihrer Botschaften. So betrieben die LeT und ihre Frontorganisation *Ǧamāʿat ud-Daʿwa*[42] (JuD) gleich mehrere Websites, einen Online-Radiosender sowie sieben verschiedene Periodika auf Urdu, Englisch und Arabisch.[43]

---

40 Dies bezieht sich unter anderem auf die hohe personelle Fluktuation innerhalb der Kommandostrukturen, Allianzen mit nicht-staatlichen oder staatlichen Akteuren, Finanzierung und Bewaffnung sowie die Verwendung von Tarn-Identitäten für Mitglieder oder ganze Gruppierungen. So stellen die über dreißig verschiedenen Aliasnamen des hochrangigen pakistanischen *al-Qāʿida*-Mitglieds *Ḫālid Šaiḫ Moḥammed* keinesfalls eine Ausnahme dar. Vgl. N. Fielding/C. Lamb: Cover Story: September 11: Natural born killer, in: The Sunday Times Online, 09.03.2003, (www.thesundaytimes.co.uk).

41 B. Lia: Al-Qaeda online: Understanding jihadist internet infrastructure, in: Jane's Intelligence Review, Volume 18, Number 01, 01/2006, S. 2.

42 Urdu: جماعة الدعوه پاكستان „Vereinigung des Aufrufs [zum Islam] Pakistan“.

43 Q. Siddique: What is Lashkar-e-Taiba?, A seminar presentation at Norsk Uten-

Gleichzeitig offenbarte das am 15. Januar 2009 von pakistanischen Behörden ausgesprochene Publikationsverbot abermals die allgemeine Verwundbarkeit der offiziellen Kommunikationskanäle militanter Organisationen. Inzwischen haben extremistische Internet-Foren längst deren Rolle als tragende Säulen der digitalen islamistischen Infrastruktur übernommen, wobei nur ein kleiner Teil der Seiten schriftliches oder audio-visuelles Originalmaterial bereitstellt, die Masse hingegen als umfassendes Distributivnetz fungiert.[44] Tatsächlich lassen sich anhand derartiger Websites tiefgreifende Einblicke in die geistig-konzeptionellen Grundlagen des zeitgenössischen Dschihadismus gewinnen. Für die gewaltbereiten Rezipienten selbst ist die Frage nach der religiösen Autorität der oft anonym oder unter falschem Namen auftretenden Autoren dabei von zentraler Bedeutung.[45] Gleiches gilt für die Sorge vor gezielten Fälschungen. Die arabische Onlineplattform *alfaloja.net* warnte ihre Mitglieder im Juni 2010 beispielsweise vor dem Besuch einer Seite, die Inhalte der Homepage „Archiv des Jihad" nachgeahmt hatte.[46]

---

rikspolitisk Institutt (NUPI) on 10.12.2008, Forsvarets forskninginstitutt (FFI), 10.12.2008, S. 3, (www.mil.no).

44   B. Lia: Al-Qaeda online, S. 6.

45   B. Lia: Global Jihadi Strategic Theory, Presentation at US Naval War College, Newport, 15.-16.09.2009, (www.mil.no).

46   Die von der Seite *alfaloja.net* herausgegebene Warnung lautet im arabischen Original:

السلام عليكم و رحمة الله و بركاته [...] الاجوة الكرام اعضاء و زوار منتديات الفلوجة الاسلامية [...] نعلمكم بان موقع ارشيف الجهاد الذي تم نشره قبل يوم امس على الرابط التالي http://www.jihadarchive.com مزور [...] لذلك فاننا نحذر من التعامل مع هذا الموقع والدخول اليه لانه موقع متفعل من قبل احدهم وليس هو الومقع الرسمي لارشيف الجهاد

„Friede sei mit euch und die Barmherzigkeit Gottes und sein Segen [...] Werte Brüder – Mitglieder und Besucher der Foren des islamischen Jihad [...] Wir informieren euch, dass die Website *Archiv des Jihad*, die vorgestern unter dem Link http://www.jihadarchive.com veröffentlicht wurde, gefälscht ist [...] deshalb warnen wir vor dem Umgang mit dieser Website und ihrem Betreten, da sie eine von einem von ihnen gefälschte Plattform ist und nicht die offizielle Seite des *Archiv des Jihad*." Vgl. http://alfaloja.net. Das Forum wechselte in regelmäßigen Abständen die Domain und ist inzwischen offline. [Stand: 01.06.2010].

Dass die Verifizierung der Urheberschaft für eine ausgewogene wissenschaftliche Untersuchung ebenfalls unumgänglich ist, versteht sich von selbst. Dabei haben sich hinsichtlich der in dieser Arbeit untersuchten englischsprachigen Übersetzungen der Originalquellen, die aufgrund ihrer leichteren Zugänglichkeit und einer größeren geographischen Verbreitung bevorzugt verwendet wurden, keinerlei Schwierigleiten ergeben. So stammen die entsprechenden Werke von *Maudūdī* entweder aus dem direkten Umfeld der von ihm gegründeten Organisationen oder zumindest aus dem Kreise seiner Sympathisanten. Gleiches gilt sinngemäß für die Werke des JeM-Führers *Mas'ūd Azhar*.[47]

Im Zusammenhang mit der LeT jedoch steht der Autor vor dem Problem, dass diese ihre Onlinepräsenz erst kürzlich eingestellt hat und die Masse des noch im Netz verfügbaren Materials aus Audiomitschnitten der Predigten von *Ḥāfiẓ Sa'īd* besteht, deren Analyse den Rahmen dieser Arbeit schlichtweg sprengen würde. Daher ist der Rückgriff auf aus dem akademischen Bereich stammende Übersetzungen urdusprachiger Originalquellen im Falle der LeT/JuD unumgänglich. Diese beruhen im Wesentlichen auf der Arbeit des pakistanischen Diplomaten *Ḥusain Ḥaqqanī*.[48] Im Zusammenhang mit dem umfangreichen Korpus von *al-Qā'ida*-Schriften stützt sich die vorliegende Arbeit auf die Aufzeichnungen *Jean-Pierre Millelis* aus dem gemeinsam mit *Gilles Kepel* verfassten Buch „Al-Qaida: Texte des Terrors".[49]

Wie sämtliche in dieser Analyse verwendeten Quellen sind diese bislang weder von den betreffenden Autoren selbst noch von deren Unterstützerszene in Zweifel gezogen worden. Dort, wo der Autor eigene Übersetzungen angefertigt hat, sind diese als solche gekennzeich-

---

47 D. Holbrook: Using the Qur'an to Justify Terrorist Violence, S. 3.

48 *H. Ḥaqqanī*, Botschafter Pakistans in den USA im Zeitraum von Mai 2008 bis November 2011, gilt als enger Vertrauter der 2007 ermordeten pakistanischen Premierministerin *Bēnaẓīr Bhuttô*. Vgl. R. Wright: Haqqani Back in D.C., Where Everybody Knows His Name, in: The Washington Post, 16.05.2008, (www.washingtonpost.com).

49 G. Kepel/J.-P. Milelli: Al-Qaida: Texte des Terrors, Deutsche Ausgabe, München, 2006.

net. Die zur Transkription des persisch-arabischen Alphabets verwendete Umschrift beruht auf den Vorgaben der Denkschrift der *Deutschen Morgenländischen Gesellschaft* (DMG) von 1935, die deutsche Rechtschreibung auf dem Duden von 2006 in der 24. aktualisierten Auflage.[50]

---

50 Die Vokalisation richtet sich dabei nach dem üblichen Gebrauch in der jeweiligen Sprache. Die Umschrift folgt der *Denkschrift dem 19. Orientalistenkongress in Rom vorgelegt von der Transkriptionskommission der DMG* – Die Transliteration der arabischen Schrift in ihrer Anwendung auf die Hauptliteratursprachen der islamischen Welt, Leipzig, 1935, (www.aai.uni-hamburg.de).

2 Pakistan – Eine islamische Nation?

2.1 Eine neue Heimat für Indiens Muslime

Gegen Ende des 19. Jahrhunderts führte die Kolonialisierung muslimischer Länder durch europäische Großmächte zu zahlreichen Reformbewegungen in der islamischen Welt. Ausschlaggebend war in diesem Zusammenhang vor allem die Diskrepanz zwischen dem Selbstverständnis vieler Gläubiger, einer dem westlichen Abendland überlegenen Kultur anzugehören und dem offensichtlichen Unvermögen, sich der Beherrschung durch christliche Kolonialherren entziehen zu können.[51] Während viele säkular geprägte Muslime aus diesem Grund für eine radikale Modernisierung ihrer Gesellschaft nach europäischem Muster eintraten, entstand unter dem Einfluss der Schriften von *Ǧamāluddīn al-Afġānī* (1838–1897) und *Muḥammad ʿAbduh* (1849–1905) eine Gegenbewegung, die erstmals die bis heute gültigen Grundzüge eines politisch geprägten Islamverständnisses skizzierte.[52]

Zentraler Bestandteil ihrer panislamischen Reformbestrebungen war die feste Überzeugung, dass nur eine spirituelle Rückbesinnung auf die Generationen der *salaf aṣ-ṣāliḥ* die Muslime zu alter Stärke zurückführen könne.[53] Während die klassischen *Salafisten* eine friedliche Erneuerung muslimischer Gesellschaften anstrebten, ist die Idealisierung der islamischen Frühzeit gleichzeitig ein Merkmal der bereits erwähnten, kompromisssloseren *wahhābīya*.[54] In Indien spiegelte sich die

---

51 R. Elger (Hrsg.): Kleines Islam Lexikon, S. 275.

52 G. Steinberg: Der nahe und der ferne Feind, S. 16.

53 Arabisch: السلف الصالح „Die rechtschaffenen Vorfahren". Der Begriff idealisiert die ersten drei Generationen von Muslimen, deren Glaubenspraxis aufgrund ihres Kontakts zum Propheten oder seinen Gefährten als unverfälscht gilt. Vgl. G. Steinberg: Der nahe und der ferne Feind, S. 16.

54 Prägendes Merkmal der Strömung ist die strikte Unterteilung der Menschheit in Gläubige und Ungläubige. Dabei wird selbst praktizierenden Muslimen die Rechtgläubigkeit abgesprochen, sobald diese von den Verhaltensvorschriften der *wahhābīya* abweichen. Aufgrund der anmaßenden Bezichtigung des Un-

radikale Rückbesinnung auf den Urislam vor allem innerhalb der nach ihrem Gründungsort benannten Schule von Deoband wider, die nach der Niederschlagung einer Meuterei überwiegend muslimischer Truppenteile (dem so genannten Sepoy-Aufstand) durch Großbritannien im Jahr 1857 mit der Gründung von *madāris* begann.[55] Bis 1897 existierten in Indien insgesamt jedoch kaum mehr als ein Dutzend derartiger Religionsschulen.[56] Trotz mancher Parallelen zu antikolonialen Bewegungen in der Golfregion oder Ägypten, stellte die hinduistische Bevölkerungsmehrheit Südasiens Islamisten jedoch vor ein besonderes Problem. Während die von vielen Muslimen empfundene Bevorzugung ihrer einstigen Untertanen durch die Kolonialbehörden bereits einen dauerhaften Affront darstellte, gab es für den Fall der Unabhängigkeit Indiens keine Garantie für die Wiederherstellung der alten Herrschaftsverhältnisse.[57]

Vor diesem Hintergrund vertrat vor allem die 1906 von *Mohammed 'Alī Ğinnāh* gegründete *Muslimliga* die Vorstellung einer eigenen nationalen Identität indischer Muslime.[58] Mit der Verabschiedung der „Pakistan Resolution" im März 1940, die Großbritannien wenig später als Grundlage für die Grenzziehung akzeptierte, bekräftigte die Partei erneut ihren Willen zur Schaffung eines eigenen Staates.[59] Aufschlussreiche Einblicke in die von ihr vertretene Zwei-Nationen-Theorie bie-

---

glaubens (*takfīr*), betrachten zahlreiche Rechtsgelehrte die *wahhābīya* als häretische Bewegung. Durch die enge Bindung an die Herrscherfamilie *as-Sa'ūd* gelang es ihr dennoch, ihre Ideologie in West- und Ostafrika sowie in Südasien zu verbreiten. Vgl. R. Elger (Hrsg.): Kleines Islam Lexikon, S. 345, G. Steinberg: Der nahe und der ferne Feind, S. 21.

55 Plural v. Arabisch: مدرسة „Schule". Seit der Gründung des ersten religiösen Seminars im Baghdad des 11. Jahrhunderts war die Kernaufgabe der *madāris* die Ausbildung islamischer Theologen, Rechtsgelehrter und Richter. Der Kontakt mit westlichen Bildungsmodellen im Zuge der Kolonialisierung führte erstmals zu einem starken Bedeutungsverlust. Vgl. C. Fair: The Madrassah Challenge: Militancy and Religious Education in Pakistan, Washington, 2008, S. 22.
56 A. Rashid: Taliban, S. 163.
57 J. Hippler: Das gefährlichste Land der Welt?, S. 44.
58 A. Rashid: Descent into Chaos: The U.S. and the Disaster in Pakistan, Afghanistan, and Central Asia, New York, 2008, S. 34.
59 J. Scholz: Der Pakistan Komplex, S. 99.

tet das 1941 veröffentlichte Werk „Pakistan – A Nation", das sich geographischer, historischer und offen rassistischer Argumentationsmuster bediente: „Uniformity of race, religion and culture has given the majority of Indian Muslims a marked national individuality which is thrown into sharp relief everywhere by being contrasted with the national characteristics of the non-Muslim peoples [...]. This [Muslim] racial type is distinguished from the indigenous non-Muslim population by a long nose, lighter complexion and larger build."[60] Trotz derartiger Kunstgriffe war die Idee eines eigenen Staates unter Indiens Muslimen keineswegs unumstritten. Zustimmung erhielt *Ǧinnāḥ* lediglich aus den zentral- und ostindischen Provinzen, in denen die Muslime Minderheiten stellten.[61]

Vor allem auf dem Gebiet des heutigen Pakistan stießen die Forderungen der *Muslimliga* jedoch auf große Skepsis. Dies galt insbesondere für die *ʿulamā*[62] und islamistische Parteien, wie die JI von *Maudūdī*. Für sie war die Untrennbarkeit der indischen Muslime von der islamischen *umma* nur eines von zahlreichen Argumenten, das gegen die Errichtung eines von Menschenhand geschaffenen Nationalstaates sprach.[63] Ein weiteres Problemfeld war die säkulare Prägung der westlich gebildeten Führungsriege der *Muslimliga*, die der Gründung eines islamischen Staates auf Basis der *šarīʿa* ablehnend gegenüberstand. Trotz der anfänglichen Opposition religiöser Kräfte gelang es der Partei dennoch, schrittweise deren Unterstützung zu erlangen. Der öffentlich vollzogene Wandel von einer aristokratisch-weltlichen Bewegung zu einer islamischen Grundsätzen folgenden Gemeinschaft wurde dabei nicht nur von einer deutlich religiös eingefärbten Rhetorik begleitet. Auch erschien *Ǧinnāḥ* ab 1937 nicht mehr in klassischen englischen Dreiteilern, sondern trug der Tradition nordindischer Muslime

---

60   E. Hamza: Pakistan: A Nation, Lahore, 1941, S. 37.
61   J. Hippler: Das gefährlichste Land der Welt? S. 53.
62   Plural v. Arabisch: عالم „Gelehrter". Im engeren Sinne bezeichnet der Begriff diejenigen Muslime, die ihr Studium an einem traditionellen islamischen Seminar in den Kerndisziplinen Theologie und Jurisprudenz absolviert haben. Vgl. R. Elger (Hrsg.): Kleines Islam Lexikon, S. 111.
63   A. Rashid: Descent into Chaos, S. 34.

entsprechend fortan knielange *šêrwānī*-Gewänder und *qarāqulī*-Mützen.[64] Obwohl er selbst ein nicht-praktizierender Schiit war, kündigte er in einer breit angelegten Kampagne an, den vergangenen Ruhm des Islam in dem neuen muslimischen Staat wieder herzustellen, was schließlich auch hoch angesehenen geistlichen Würdenträgern die Unterstützung seiner Ziele ermöglichte.[65] Die nun einsetzende Mobilisierung breiter Massen hatte jedoch ihren Preis: So ist die lautstarke Forderung religiöser Kräfte nach einer vollständigen Islamisierung Pakistans auch zu Beginn des 21. Jahrhunderts noch immer nicht verstummt.

2.2 Unabhängigkeit und Krieg: Pakistan nach 1947

Die früheste nachweisbare Niederschrift des Akronyms Pakistan entstammt dem im Januar 1933 in Cambridge veröffentlichten Pamphlet „Now or Never" von *Čoudhrī Raḥmat ʿAlī*. Darin erläutert der im Nordwesten des heutigen Indiens geborene Autor die Herleitung der Wortschöpfung noch im ersten Satz seines Werkes: „I am enclosing an appeal on behalf of the thirty million Muslims of PAKSTAN [sic], who live in the five Northern Units of India-Punjab, N.W.F.P. (Afghan Province), Kashmir, Sindh and Baluchistan, embodying their inexorable demand for [their] seperate national status."[66] Die scharfe Abgrenzung gegenüber künftigen Nachbarn erschließt sich bei der Übersetzung des Namens ins Deutsche – sowohl auf Persisch als auch auf Urdu bedeutet Pakistan „Land der Reinen".[67]

Tatsächlich hatte die beidseitige Emotionalisierung der Politik die Spannungen zwischen Hindus und Muslimen so massiv geschürt, dass die Unruhen vor dem überstürzten Abzug Großbritanniens kaum mehr

---

64 C. Wieland: Nationalstaat wider Willen: Politisierung von Ethnien und Ethnisierung der Politik: Indien, Bosnien, Pakistan, Frankfurt/New York, 2000, S. 288.

65 A. Ishtiaq: The Concept of an Islamic State in Pakistan: An Analysis of Ideological Controversies, Lahore, 1991, S. 66.

66 C. R. Ali: Now or Never – Are we to live, or perish forever, Cambridge, 1933, S. 1, (www.chaudhryrahmatali.com).

67 Urdu/Persisch: پاک „sauber, rein".

als ein bitterer Vorgeschmack auf die sich anbahnende Katastrophe waren. So folgte der doppelten Staatsgründung von 1947 ein Massenexodus, bei dem Millionen Hindus und Sikhs ihrer Heimat im Nordwesten des ehemaligen Kolonialreichs den Rücken kehrten, während ebenso viele muslimische Flüchtlinge aus Indien in die mehr als 1500 Kilometer voneinander entfernten Landesteile West- und Ostpakistan strömten.[68] Verschiedenen Schätzungen zufolge kamen im Zuge der Unabhängigkeit zwischen 200 000 und 1 Million Menschen ums Leben.[69] Während sich ein Großteil der einst gemeinsam genutzten Industrie nun in Indien befand und sich die neue Staatsführung unter ihrem ersten Premierminister *Javāharlāl Nehrū* (1889–1964) rasch im Sitz der alten Kolonialregierung in Delhi einrichtete, verfügte das landwirtschaftlich geprägte Pakistan über keinerlei staatliche Strukturen, ja noch nicht einmal ein konsensfähiges Staatsverständnis.[70]

Grob vereinfacht lassen sich die verschiedenen Interessengruppen des Landes in zwei große Blöcke aufteilen. Den ersten stellten die Unterstützer von *Ğinnāḥ,* der zunächst das noch aus der Kolonialzeit stammende Amt des Generalgouverneurs übernahm. An dem von ihm angestrebten säkularen Charakter der Nation ließ er keinerlei Zweifel. So erklärte er in seiner Rede vor der *Constituent Assembly of Pakistan* in Karatschi am 11. August 1947: „You are free; you are free to go to your temples, you are free to go to your mosques or any other place of worship in this state of Pakistan. You may belong to any religion, caste or creed – that has nothing to do with the business of the state."[71] Die zweite Interessengruppe bestand aus einer Vielzahl unterschiedlicher islamistischer Bewegungen, die trotz ihrer Heterogenität vor allem ein Ziel einte: Die Islamisierung der pakistanischen Gesellschaft. Nach dem Tod von *Ğinnāḥ* im September 1948 sollte die aus den konkurrierenden Staatsverständnissen erwachsene Instabilität immer wieder zu

---

68 J. Hippler: Das gefährlichste Land der Welt?, S. 56.

69 A. Rashid: Descent into Chaos, S. 35.

70 J. Hippler: Das gefährlichste Land der Welt?, S. 56.

71 Mr. Jinnah's Presidential address to the Constituent Assembly of Pakistan, August 11, 1947, in: Dawn, Independence Day Supplement, 14.10.1999, (www.pakistani.org).

chaotischen Zuständen führen. Während Pakistans erster Premierminister *Liāqat ʿAlī Ḫān* im fünften Amtsjahr ermordet wurde, fielen seine insgesamt sechs Nachfolger bis 1958 allesamt politischen Intrigen zum Opfer.[72] Dabei erwies sich vor allem die bevölkerungsreichste westpakistanische Provinz Punjab als größtes Hindernis der nationalen Integration.[73] Diese stellte nicht nur die Masse der politischen und militärischen Entscheidungsträger, sondern setzte das von Großbritannien eingeführte zentralisierte Herrschaftssystem ohne Umschweife fort.[74]

Bereits 1948 hatte die rigorose Bevormundung kleinerer Provinzen zur ersten einer ganzen Reihe von Rebellionen in der Provinz Belutschistan geführt, die von der pakistanischen Armee brutal niedergeschlagen wurden.[75] Auch auf außenpolitischer Ebene schuf das postkoloniale Machtvakuum gemeinsam mit dem ungeklärten Status des Fürstentums Kaschmir eine explosive Gemengelage, die sich angesichts einer muslimischen Revolte gegen den hinduistischen Regenten *Hari Singh* bereits im Oktober 1947 entzündete. Dabei unterstützte Pakistan die Aufständischen durch die Entsendung überwiegend paschtunischer Stammeskrieger, die aus der NWFP in die umstrittene Region einsickerten.[76] Trotz des pakistanischen Versuchs, den offenen Einsatz eigener Streitkräfte zu vermeiden, überquerten indische Truppen die Grenze und drängten Aufständische und Freischärler bis zur Unterzeichnung des Waffenstillstandsabkommens am 1. Januar 1949 auf gut ein Drittel der Fläche Kaschmirs zurück.[77] Die noch heute gültige Untertei-

---

72 J. Hippler: Das gefährlichste Land der Welt?, S. 58.
73 I. Talbot: The Punjabisation of Pakistan: Myth or Reality?, in: C. Jaffrelot (Hrsg.): Pakistan – Nation, Nationalism and the State, Lahore, 2002, S. 51.
74 J. Scholz: Der Pakistan-Komplex, S. 31.
75 A. Rashid: Descent into Chaos, S. 36.
76 Im Gegensatz zur Afrikanistik ist der Terminus „tribal" in der Südasienforschung nicht negativ besetzt. So manifestiert sich in der Stammeszugehörigkeit eine legitimierende Genealogie. Vgl. C. Schetter: Talibanistan – Der Anti-Staat, S. 237.
77 Das von Indien verwaltete Territorium unterteilt sich in die Regionen Jammu, Kashmir-Valley und Ladakh. Der nordöstliche Teil des ehemaligen Fürstentums steht unter chinesischer Kontrolle. Vgl. S. Chandran: Mending fences, in: Jane's Intelligence Review, Volume 20, No. 08, 08/2008, S. 20.

lung der Hochgebirgsregion in ein indisch- und ein pakistanisch ver-
waltetes Gebiet, entspricht im Wesentlichen der damals festgelegten
Line of Control (LoC).

2.3 Einheit durch Zwang:
Das Militär und die nationale Identität

Durch den Dauerkonflikt mit Indien, fortwährende Streitigkeiten innerhalb der Regierung und nicht zuletzt aufgrund des eigenen Selbst-
verständnisses als tragende Säule des Staates, entwickelte sich die Armee bereits wenige Jahre nach der Unabhängigkeit zu einer der einflussreichsten Institutionen des Landes.[78] Diese Stellung wurde weiterhin durch die Bereitschaft ziviler Entscheidungsträger gestärkt, die Lösung wichtiger politischer Probleme kurzerhand an die Streitkräfte ab-
zutreten, sei es in den Provinzen oder mitten in pakistanischen Großstädten.[79] Zunächst schien sich die Lage nach der Verabschiedung der
ersten pakistanischen Verfassung 1956 unter Präsident *Iskandar Mirzā*
zwar zu normalisieren. Als dieser jedoch keine zwei Jahre später abermals das Kriegsrecht ausrief, nutzte General *Moḥammed Ayyūb Ḫān*
die Gunst der Stunde und übernahm selbst die Präsidentschaft, entließ
den Premierminister und unterstellte die gesamte zivile Administration
der Kontrolle der Armee.[80]

Dabei stützte sich seine bis 1969 fortgesetzte Alleinherrschaft auf
ein standesbewusstes, nach britischem Vorbild organisiertes Offizier-
korps, dessen Selbstverständnis sich keinesfalls auf die Verteidigung
der Landesgrenzen beschränkte.[81] So vertreten insbesondere hochrangige Stabsoffiziere bis heute einen direkten oder indirekten Führungsanspruch in sämtlichen Politikfeldern, wobei innere Unruhen, Korruption und ein nur schwach ausgeprägter Rückhalt demokratischer
Strukturen das wiederholte Eingreifen der Armee als vermeintlichem

---

78 J. Scholz: Der Pakistan-Komplex, S. 53.

79 In diesem Zusammenhang gilt die Verhängung des Kriegsrechts über die Stadt
    Lahore 1953 als Präzedenzfall. Vgl. J. Hippler: Das gefährlichste Land der
    Welt?, S. 60.

80 I. Talbot: Pakistan, S. 147.

81 J. Scholz: Der Pakistan-Komplex, S. 54.

Ordnungsfaktor immer wieder begünstigt haben.[82] Trotz eines zaghaften wirtschaftlichen Aufschwungs unter *Ayyūb Ḫān* erwies sich die erneute Entsendung irregulärer Kämpfer in den von Indien kontrollierten Teil Kaschmirs (IAK) Mitte 1965 als fatale Fehlentscheidung. Obwohl reguläre pakistanische Truppen im September des selben Jahres in die Kämpfe eingriffen, ging keine der beiden Seiten mit einem deutlichen Vorteil aus dem zweiten indo-pakistanischen Krieg hervor.[83]

Angesichts dauerhafter Erfolgsmeldungen der staatlichen Propaganda, war der Masse der pakistanischen Bevölkerung die Unterzeichnung der Deklaration von Taschkent zur Beilegung des Kaschmirkonflikts im Jahr 1966 aber kaum zu vermitteln. Auch der damalige Außenminister *Ẕulfiqār ʿAlī Bhuttô*, einst Mitinitiator der abenteuerlichen Kriegspolitik, trat nun aus Protest gegen *Moḥammed Ayyūb Ḫān* zurück.[84] Dieser beendete seine Herrschaft im Jahr 1969, verlängerte den Fortbestand der ersten von bislang vier Militärdiktaturen Pakistans durch die Machtübergabe an den paschtunischen General *Aġā Moḥammed Yaḥyā Ḫān* jedoch um weitere zwei Jahre.

2.4 Demokratie als Wagnis: Die Generalität und die Abspaltung Bangladeschs

Die ebenso kurze wie folgenschwere Herrschaft *Yaḥyā Ḫāns,* in der erstmals freie Parlamentswahlen abgehalten wurden, ist bis heute aufs engste mit dem wohl größten nationalen Trauma Pakistans verknüpft – dem Verlust von rund 15% des Staatsgebietes in Folge der Unabhängigkeitserklärung Bangladeschs im März 1971.[85] Abgesehen von der geographischen Isolation und einer im Gegensatz zu Westpakistan relativ homogenen, bengalisch sprechenden Bevölkerung lassen sich die Ursachen für die Abspaltung des östlichen Landesteils auf die auch aus anderen Regionen des Vielvölkerstaats bekannten Probleme zurückführen. Dabei kollidierten die Autoritätsansprüche der zentralistischen

---

82 T. T. Yong: The Garrison State: Military, Government and Society in Colonial Punjab 1849-1947, Lahore, 2005, S. 71.

83 J. Scholz: Der Pakistan-Komplex, S. 150.

84 J. Hippler: Das gefährlichste Land der Welt?, S. 63.

85 J. Scholz: Der Pakistan-Komplex, S. 49.

Regierung in Islamabad wiederholt mit den Forderungen nach mehr Mitbestimmung und einer gleichmäßigeren Verteilung von Ressourcen. So hatte Ostpakistan zwischen 1948 und 1960 Hilfsgelder in Höhe von 1,72 Milliarden pakistanischen Rupien (PKR) erhalten, Westpakistan im selben Zeitraum hingegen eine Summe von 4,30 Milliarden.[86] Zudem entzündeten sich die Differenzen immer wieder an einem seit der Unabhängigkeit schwelenden Sprachenstreit, nachdem *Ǧinnāḥ* das in arabischer Schrift geschriebene Urdu zur alleinigen Amts- und Nationalsprache erklärt hatte.[87]

Auch die auf Westpakistan beschränkte Verteidigung im zweiten indo-pakistanischen Krieg oder das völlige Versagen der Behörden bei schweren Naturkatastrophen hatte die Bengalen mehrheitlich gegen ihre Regierung aufgebracht, die die Forderung nach größerer politischer Teilhabe konsequent ablehnte. Vor diesem Hintergrund bescherte die Entscheidung von *Yaḥyā Ḫān*, im Dezember 1970 freie Wahlen durchzuführen, der 1949 gegründeten, nach größerer Autonomie strebenden *AwamiLeague* einen erdrutschartigen Sieg, der ihr die absolute Mehrheit in der Nationalversammlung einbrachte.[88] Die Weigerung der Generalität und der *Pakistan Peoples Party* (PPP) von *Ẓulfiqār ʿAlī Bhuttô*, das Wahlergebnis zu akzeptieren, führte innerhalb kürzester Zeit zu einem Volksaufstand in Ostpakistan. Auch in diesem Fall griff die Armee wie schon in den Kaschmirkriegen von 1947 und 1965 auf die Unterstützung von eigens aufgestellten Freiwilligenverbänden zurück, deren Mitglieder sie zum überwiegenden Teil aus der JI-Studentenorganisation *Islāmī Ǧamʿīyat-e Ṭalaba* (IJT) rekrutierte.

Obwohl sich an dieser Stelle erstmalig die Unterstützung militärischer Operationen durch eine radikalislamische Partei nachweisen lässt, hielten andere religiöse Gruppen wie die *Ǧamʿīyat-e ʿUlamāʾ-e Islām* (JUI) auch nach Kriegsbeginn an ihrer Ablehnung der Militärherrschaft fest. So kritisierten die Deobandi-Anhänger die Regierung unter anderem wegen ihrer Nähe zu den USA, die im zweiten indo-pakistani-

---

86 I. Talbot: Pakistan, S. 138.
87 J. Scholz: Der Pakistan-Komplex, S. 105.
88 I. Talbot: Pakistan, S. 199.

schen Krieg beide Seiten mit Waffen versorgt hatten.[89] Ein weiteres Motiv für die oppositionelle Haltung der paschtunisch dominierten JUI war zweifellos die erbitterte Konkurrenz zur JI.[90] Ungeachtet der bis heute gepflegten Rivalität der beiden größten radikalislamischen Parteien des Landes begann auch die pakistanische Armee ihre Operationen während des Bürgerkrieges immer häufiger in einen religiösen Kontext zu stellen. So rechtfertigte sie selbst ethnische Säuberungen mit dem Verweis auf den notwendigen Kampf gegen abtrünnige Muslime und polytheistische Hindus.[91] Nichtsdestotrotz wendete sich die militärische Lage nach dem Einmarsch indischer Truppen ins ehemalige Ostpakistan im Dezember 1971 zugunsten der bengalischen Unabhängigkeitsbewegung. Als eine letzte pakistanische Gegenoffensive im Westen Indiens innerhalb von drei Wochen erfolglos in sich zusammenbrach, entschloss sich die Armeeführung zur vollständigen Kapitulation.

---

89 J. Hippler: Das gefährlichste Land der Welt?, S. 63.
90 S. Shafqat: Civil-Military Relations in Pakistan: from Z. A. Bhutto to Benazir Bhutto, New York, 1998, S. 83.
91 J. Hippler: Das gefährlichste Land der Welt?, S. 63., vgl. I. Talbot: Pakistan, S. 33.

3 Das Militär und die Mullahs: Die Institutionalisierung einer Allianz

3.1 Żiyā' ul-Ḥaq und die Islamisierung des Staates

Angesichts der demütigenden Niederlage der Streitkräfte erschien der Rücktritt von *Yaḥyā Ḫān* im Dezember 1971 ohne Alternative. Obwohl sich die Armee zunächst im Hintergrund hielt, setzte sie ihre starke Einflussnahme auf politische Prozesse jedoch auch während der Regierungszeit von *Ẓulfiqār ʿAlī Bhuttô* fort. Dabei nutzte sie neben ihrer beachtlichen Wirtschaftsmacht vor allem den militäreigenen Geheimdienst *InterServices Intelligence* (ISI), um potenzielle Gegner zu überwachen, einzuschüchtern oder gegeneinander auszuspielen.[92] Zusätzlich profitierte sie von dem repressiven, insbesondere von der Mittel- und Oberschicht als selbstherrlich empfundenen Regierungsstil von *ʿAlī Bhuttôs*.[93] Zwar galt dessen Wiederwahl im März 1977 aufgrund einer nach wie vor breiten Unterstützung in der ärmeren Bevölkerung als sicher. Trotzdem folgte dem allzu eindeutigen Ergebnis rasch der Vorwurf der Manipulation. Bei den nun einsetzenden Demonstrationen tat sich vor allem die JI hervor, wobei die wiederholten Versuche der PPP, den Islamisten entgegenzukommen – etwa durch den im September 1974 vom Parlament bestätigten Ausschluss der pakistanischen *Aḥmadīya*-Gemeinden aus der muslimischen Glaubensgemeinschaft – nichts an ihrer unversöhnlichen Haltung geändert hatten.[94]

Als die Regierung aufgrund wachsender Unruhen schließlich das Kriegsrecht über Karatschi, Lahore und Hyderabad verhängte und so die Armee in die Auseinandersetzung hineinzog, riss diese am 5. Juli

---

92 J. Scholz: Der Pakistan-Komplex, S. 53.

93 J. Hippler: Das gefährlichste Land der Welt?, S. 71.

94 Die 1889 von *Mīrzā Ġulām Aḥmad* gegründete millenaristische Bewegung verfolgt die Verbreitung eines reformierten Islam mit friedlichen Mitteln. Vgl. R. Elger (Hrsg.): Kleines Islam Lexikon, S. 30.

1977 erneut die Macht an sich.[95] Dabei löste der erst im Vorjahr einge-
setzte oberkommandierende General *Moḥammed Żiyā' ul-Ḥaq* die Nationalversammlung, den Senat und die Provinzparlamente augenblick-
lich auf und übertrug alle zivilen administrativen Aufgaben einem Mi-
litärrat.[96] Zudem belegte er jegliche gewerkschaftliche oder politische
Betätigung mit bis zu fünf Jahren Haft.[97] Das prominenteste Opfer seiner Militärdiktatur war der ehemalige Präsident *Bhuttô*, der im März
1978 zum Tode verurteilt und knapp ein Jahr später in Rawalpindi ge-
hängt wurde.[98]

Von den ehemaligen Oppositionsparteien waren es nun vor allem
die islamistischen Anhänger der JI, die bevorzugt an der Regierungsbil-
dung beteiligt wurden.[99] Auch *Żiyā' ul-Ḥaq* selbst stellte seine Handlungen von Anfang an in einen religiösen Kontext, wobei er in einem
Interview mit der *British Broadcasting Corporation* (BBC) im April 1978
erklärte: „I have a mission, given by God, to bring Islamic order to Pakistan."[100] Da seine Vorgänger die rhetorische Annäherung an radikalislamische Positionen bei schwindender Legitimität ebenfalls bemüht
hatten, war diese Aussage zunächst wenig spektakulär. Dass sie dennoch eine entscheidende Zäsur in der Geschichte Pakistans darstellt,
liegt vor allem daran, dass sie im Falle von *Żiyā' ul-Ḥaq* keine leere
Phrase war. So erließ das Regime mit den so genannten *Hudood-Ordi-
nances* bereits im Februar 1979 ein drakonisches, aus der *šarī'a* gespeis-
tes Strafrecht, das neben öffentlichen Auspeitschungen, die Amputati-
on von Gliedmaßen bei Diebstahlsvergehen und ein von bizarrer Frau-
enfeindlichkeit geprägtes Ehe- und Personenstandsrecht umfasste.[101]

---

95 H. Yussuf: Pakistan: A Study of Political Development 1947–1997, Lahore, S.
172.

96 J. Hippler: Das gefährlichste Land der Welt?, S. 73.

97 Bis zur Aufhebung des Kriegsrechts im Jahr 1985 fielen den oft willkürlichen
Verhaftungen bis zu 20 000 Menschen zum Opfer. Vgl. S. N. Kaushik: Politics
of Islamization in Pakistan: A study of Zia Regime, New Delhi, 1993, S. 29.

98 J. Scholz: Der Pakistan-Komplex, S. 152.

99 J. Hippler: Das gefährlichste Land der Welt?, S. 74.

100 Siehe A. Rashid: Descent into Chaos, S. 38.

101 Demnach gestanden die Opfer von Vergewaltigungen durch die Anzeige des
Verbrechens automatisch den Straftatbestand des außerehelichen Geschlechts-

Auch die Lage der bereits unter *Bhuttô* marginalisierten religiösen Minderheiten verschärfte sich zusehends. So wurde den Anhängern der *Aḥmadīya* 1984 unter Strafandrohung verboten, sich selbst als Muslime zu bezeichnen und die islamischen Gebote zu befolgen.[102] Dabei begrüßten weite Teile der *'ulamā'* die Maßnahmen von *Żiyā' ul-Ḥaq*, da sie ihre jahrelang verfolgten Ziele durch die staatlich sanktionierte Islamisierungspolitik zumindest im Ansatz erfüllt sahen. Das Militär wiederum nutzte die Theologen als Vehikel, um den eigenen Machtbereich auch in jene Gesellschaftsschichten auszudehnen, die sich bislang erfolgreich der Kontrolle des Zentralstaats entzogen hatten, was insbesondere das westlich geprägte liberale Bürgertum betraf.[103] Dennoch war die später als „mullah-military alliance" beschriebene Symbiose keinesfalls ein rein pragmatisch ausgerichtetes, temporäres Zweckbündnis. So scheint die Kooperation in der Ära von *Żiyā' ul-Ḥaq* der beidseitigen Überzeugung geschuldet gewesen zu sein, dass lediglich Soldaten Pakistan ideologisch vereinen und zusammenhalten könnten.[104]

Darüber hinaus stand die Langlebigkeit der Militärdiktatur in direktem Zusammenhang mit dem Einmarsch sowjetischer Truppen in Afghanistan im Dezember 1979. Spätestens mit der von Islamabad signalisierten Bereitschaft, Pakistan als antikommunistisches Bollwerk in der Region auszubauen, fand die westliche Kritik an der Missachtung demokratischer Prinzipien und den massiven Menschenrechtsverletzungen ein abruptes Ende.

3.2 Die Sowjets in Afghanistan: Pakistan als Frontstaat

Zu Beginn des sowjetisch-afghanischen Krieges gaben die meisten Beobachter den *muğāhidīn* keine reelle Chance, den modernen, an Feuerkraft und Technologie weit überlegenen sowjetischen Streitkräften

---

verkehrs, der in aller Regel eine Verurteilung der betroffenen Frau nach sich zog, falls es ihr nicht gelang, vier männliche Zeugen aufzubieten. Vgl. J. Hippler: Das gefährlichste Land der Welt?, S. 74.

102 R. Elger (Hrsg.): Kleines Islam Lexikon, S. 30.
103 J. Scholz: Der Pakistan-Komplex, S. 95.
104 A. Rashid: Descent into Chaos, S. 38.

langfristig zu widerstehen.[105] Trotzdem bot Pakistan den Vereinigten Staaten im Januar 1980 umgehend an, den ISI als Verbindungsglied zu den afghanischen Milizen zur Verfügung zu stellen. Das dafür in Aussicht gestellte Hilfspaket des amerikanischen Präsidenten *Jimmy Carter* in Höhe von 400 000 USD wies *Żiyā' ul-Ḥaq* zwar als zu gering zurück.[106] Unter *Carters* Nachfolger *Ronald Reagan* erhielt Pakistan 1981 jedoch die Zusage über die Gewährung von Militär- und Wirtschaftshilfe im Wert von insgesamt 3,3 Milliarden USD, die unabhängig von den zusätzlichen Kosten des Afghanistankrieges über einen Zeitraum von fünf Jahren ausgezahlt werden sollten.[107] Der pakistanischen Luftwaffe etwa bescherte der Konflikt im Nachbarland die kostenlose Lieferung von 40 F-16 Kampfflugzeugen.

Auch der ISI wuchs mit US-amerikanischer Unterstützung zu einem modernen Nachrichtendienst heran, der nach seinem Ausbau nicht nur in der Lage war, politische Gegner im Inland sowie den Erzrivalen Indien zu überwachen, sondern gleichzeitig mehrere Guerillakampagnen im benachbarten Afghanistan zu führen. Eigens zu diesem Zweck zog der ISI hunderte, überwiegend paschtunische Offiziere aus den regulären Streitkräften ab, die sich in ihrer Masse durch einen rigiden Hang zu radikalislamischem Gedankengut auszeichneten.[108] Zu ihren Aufgaben gehörte unter anderem die Rekrutierung von Kämpfern innerhalb der riesigen afghanischen Flüchtlingslager ostwärts der Durand-Linie,[109] die bereits im ersten Kriegsjahr von über drei Millionen Menschen bevölkert wurden. Dabei griff die Armeeführung abermals auf die bewährte Hilfe der JI zurück, der eine maßgebliche Rolle bei der Koordinierung des afghanischen *ǧihād* übertragen wurde. So fungier-

---

105 A. A. Jalali/L. W. Grau: Afghan Guerilla Warfare: In the words of the Mujahideen Fighters, St. Paul, 2001, S. 9.

106 A. Rashid: Descent into Chaos, S. 38.

107 J. Hippler: Das gefährlichste Land der Welt?, S. 75.

108 A. Rashid: Taliban, S. 300.

109 Heutige Grenze, ehemals Demarkationslinie zwischen Afghanistan und Pakistan. Ursprünglich Abgrenzung von Britisch-Indien zum nicht kolonisierten Emirat Afghanistan, 1893 vom damaligen Außenminister der indischen (Kolonial-) Regierung bewusst ca. 2500 km mitten durch paschtunisches Stammesgebiet gezogen. Seit je kaum zu kontrollierendes Grenzgebiet.

ten die Islamisten nicht nur als Bindeglied zu den verschiedenen Mudschahedinparteien, sondern übernahmen ihrerseits die Indoktrination junger Afghanen in den unzähligen Koranschulen, die in den grenznahen Provinzen wie Pilze aus dem Boden schossen.[110] Selbst die JUI, die damals noch vollkommen ohne staatliche Unterstützung agierte, betrieb während des sowjetisch-afghanischen Krieges hunderte *madāris*, in denen sie Kindern und Jugendlichen unentgeltlich Bildung, Unterkunft, Essen und militärisches Training zur Verfügung stellte.[111]

Die systematische Radikalisierung der Flüchtlingsgeneration war aber keinesfalls das alleinige Werk einheimischer Akteure. So stellte die *United States Agency for International Development* (USAID) auf dem Höhepunkt des Konfliktes rund 50 Mio. USD für die Verteilung von Unterrichtsmaterialien an afghanische Grundschüler bereit, die einzig und allein auf die Förderung islamistischer Militanz abzielten.[112] Neben ihrem schier unerschöpflichen Reservoir an potenziellen Kämpfern liefen in der Grenzregion zu Afghanistan zudem sämtliche Stränge des weltumspannenden Nachschubsystems zusammen, über das vor allem die Vereinigten Staaten und Saudi-Arabien, aber auch China, Großbritannien, Frankreich, Italien, Ägypten und die Vereinigten Arabischen Emirate ihre militärische Hilfe abwickelten.[113] Grundsätzlich arbeiteten US-amerikanische, saudische und pakistanische Nachrichtendienste bei der Einschleusung der bis zu 35 000 freiwilligen Kämp-

---

110 Das pakistanische Religionsministerium zählte 1947 245 *madāris*, 1988 hingegen 2861. Andere Quellen sprechen von rund 8000 registrierten und 25 000 inoffiziellen *madāris* im Todesjahr von *Żiyā' ul-Ḥaq*. Vgl. C. Fair: The Madrassah Challenge, S. 50, siehe auch S. 165.

111 A. Rashid: Taliban, S. 73.

112 Die Schulbücher blieben nach dem Abzug der Sowjets weiterhin in Gebrauch. Sie beinhalteten nicht nur Abbildungen von Sturmgewehren, sondern auch dazu passende, perfide Rechenbeispiele. So lautete eine Fragestellung für Viertklässler: "The speed of a Kalashnikov bullet is 800 Meter per second. If a Russian is at a distance of 3,200 Meters, and that Mujahid aims at the Russian's head, calculate how many seconds it will take for the bullet to strike the Russian in the forehead". Vgl. C. Davis: "A" is for Allah, "J" is for Jihad, in: World Policy Journal, Spring 2002 issue, S. 90.

113 A. A. Jalali/L. W. Grau: Afghan Guerrilla Warfare, S. 18.

fer aus über 40 muslimischen Ländern eng zusammen.[114] Gleichwohl achtete der ISI penibel darauf, jeden direkten Kontakt zwischen den USA und den *muǧāhidīn* zu vermeiden und behielt sich das alleinige Recht auf die Verteilung des Nachschubs vor.

Mit der so erlangten Kontrolle über die Waffenlieferungen, die mit rund 65 000 Tonnen im Jahr 1987 ihren Höhepunkt erreichten, gelang dem ISI innerhalb kürzester Zeit die vollständige strategische Entmündigung der afghanischen Widerstandsgruppen.[115] Weigerten sich einzelne Kommandeure, einer der insgesamt sieben von Islamabad autorisierten Mudschahedinparteien beizutreten, blieb ihnen der Anschluss an die internationale Waffenpipeline verwehrt. Auch die Mitgliedschaft selbst war noch lange kein Garant für die gleichmäßige Verteilung der vorhandenen Mittel. So entschied in erster Linie die politisch-religiöse Überzeugung der Anführer der so genannten „Peshawar Seven" über die Zuteilung von Waffen und Material. Während drei von ihnen (*Nabī, Gailānī, Muǧaddadī*) einen gemäßigten Islam vertraten, erhielten die vier radikalislamischen Parteien (*Ḥekmatyār, Rabbānī, Saiyāf, Ḫāliṣ*) zusammengenommen bis zu 73% des Nachschubs.[116] Obwohl diese Praxis immer wieder für Verstimmungen mit der US-amerikanischen *Central Intelligence Agency* (CIA) sorgte, konnten die pakistanischen Behörden unbeirrt an der Bevorzugung der religiösen Fanatiker festhalten, da schlichtweg kein anderes befreundetes Land in der Region existierte, welches die Bekämpfung der Sowjets in Afghanistan ermöglichte.

3.3 Religiöser Fanatismus: Ein Stabilitätsfaktor?

Mit der Möglichkeit, die internationale Unterstützung nach eigenem Gutdünken zu verteilen, eröffneten sich zahlreiche strategische Optionen, die in keinem Verhältnis zu Pakistans beschränkten militärischen und wirtschaftlichen Kapazitäten standen. So betrachtete das Militärre-

---

114 A. Rashid: Taliban, S. 38.
115 M. Yousaf/M. Adkin: Die Bärenfalle: Der Kampf der Mudschahedin gegen die Rote Armee, Düsseldorf, 1992, S. 95.
116 Ebd.

gime von *Ẓiyāʾ ul-Ḥaq* den *ǧihād* im Nachbarland zunächst als will-
kommene Gelegenheit, die territorialen Ansprüche Afghanistans auf
die paschtunischen Siedlungsgebiete ostwärts der Durand-Linie zu beenden, um die es seit 1950 wiederholt zu Streitigkeiten gekommen
war.[117] Die Förderung des sunnitischen Paschtunen *Gulbuddīn Ḥekmatyār,* aus Sicht des ISI der vielversprechendste Kandidat für den Aufbau
einer Pakistan verbundenen Mudschahedinregierung, erklärt sich unter anderem vor diesem Hintergrund. Dessen Unterstützung hatte die
Beziehungen zu den USA zwar immer wieder belastet. Nachdem Washington seine Ziele infolge des Abzugs der letzten Sowjetsoldaten
über den Grenzfluss Amudarja am 15. Februar 1989 erfüllt sah, konnte
Islamabad eigene Ambitionen in der Region nunmehr vollkommen un-
gestört verfolgen. Dabei entwickelte sich vor allem das Streben nach
„strategischer Tiefe" zur dominierenden Konstante einer Afghanistanpolitik, die darauf abzielte, den pakistanischen Streitkräften für den
Fall einer erfolgreichen indischen Offensive ein erweitertes Hinterland
zu schaffen.

Darüber hinaus beeinflusste der Kaschmirkonflikt das Interesse an
Afghanistan seit den frühen Neunzigerjahren in immer stärkerem
Maße. So hatte die Armee mit Beginn einer erneuten muslimischen Revolte im IAK ab 1989 wiederholt paramilitärische Gruppen in das Gebiet entsandt und diese zuvor auf eigenem Boden trainiert.[118] Als die
Clinton-Administration Pakistan wegen der Involvierung seines Geheimdienstes bei der Ausbildung militanter Islamisten 1993 offen des
staatlich geförderten Terrorismus verdächtigte, verlegte Islamabad die
Trainingscamps kurzerhand nach Ostafghanistan. Nachdem der damalige ISI-Chef Generalleutnant *Ǧawêd Nāṣir* von seinem Amt entbunden
worden war,[119] setzte die Armee ihre Kriegführung durch paramilitäri-

---

117 J. Baberowski: Afghanistan als Objekt englischer und russischer Fremdherr-
    schaft im 19. Jahrhundert, in: Wegweiser zur Geschichte: Afghanistan, Pader-
    born, 2007, S. 32.
118 S. Chandran: Mending fences, S. 18.
119 In den pakistanischen Medien wurden Korruptionsvorwürfe als Entlassungs-
    grund genannt. Vgl. Editorial: Another blot on the ISI, in: The Daily Times,
    25.08.2002, (www.dailytimes.com); A. Rashid: Descent into Chaos, S. 41.

sche Stellvertreter ostwärts der LoC unbeirrt fort. Des Weiteren versprach die Kontrolle Afghanistans, insbesondere nach der Auflösung der Sowjetunion am 21. Dezember 1991, die Erschließung lukrativer Handelsrouten nach Zentralasien.[120]

Für sämtliche der bislang aufgezählten Ziele galt die Installation eines pro-pakistanischen Regimes in Kabul als Musterlösung. Mit dem endgültigen Fall der kommunistischen *Demokratischen Volkspartei Afghanistans* und der Besetzung Kabuls durch tadschikische und usbekische *muǧāhidīn* im Jahr 1992 rückte eine solche allerdings in weite Ferne. Auch für die Paschtunen, denen das erste Mal seit über 300 Jahren die Kontrolle über die Hauptstadt entrissen wurde, war dieser Zustand keinesfalls hinnehmbar. So markierte der psychologisch vernichtende Schlag zugleich den Auftakt zu einem blutigen Bürgerkrieg, bei dem *Ḥekmatyār* und seine Verbündeten Kabul belagerten und die bis dahin vom Krieg weitgehend verschonte Metropole gnadenlos beschossen.[121] Zu diesem Zeitpunkt herrschte auch in zahlreichen Provinzen weit verbreitete Anarchie, wobei sich die verschiedenen Mudschahedin-Kommandeure untereinander bekriegten, wahllos Häuser und Gehöfte beschlagnahmten, Wegzoll erhoben, Händler ausraubten sowie Jungen und Mädchen für sexuelle Vergnügungen verschleppten.[122] Besonders chaotisch war die Lage in den paschtunischen Siedlungsgebieten Südafghanistans, wo die erbitterten Kämpfe lokaler Milizen zum völligen Zusammenbruch traditioneller Stammesstrukturen geführt hatten.

Angesichts der sich abzeichnenden Niederlage *Ḥekmatyārs* bemühte sich die nach wie vor starke pro-paschtunische Lobby innerhalb des ISI ab 1994 verstärkt um die Anwerbung geeigneter Nachfolger. Bei der Anbahnung der ersten Kontakte zwischen pakistanischen Behörden und der noch jungen Talibanbewegung tat sich vor allem die von *Maulānā Fażlurreḥmān* geführte JUI hervor. Obwohl diese während der ersten Regierungsperiode von *Bênazīr Bhuttô* (1988-1990) an ihrer traditionellen Oppositionsrolle festgehalten hatte, kam es nach der Wie-

---

120 A. Rashid: Taliban, S. 69.
121 A. Rashid: Taliban, S. 61.
122 Ebd., S. 62.

derwahl der Premierministerin zu einer bemerkenswerten Allianz: So erhielt die paschtunische Deobandi-Partei ausgerechnet unter der säkularen PPP erstmals Zugang zur Regierung, die unbeirrt an der Fortsetzung der pakistanischen Einflussnahme in Afghanistan festhielt.[123] Dass die JUI in besonderer Weise dafür geeignet schien, ließ sich unter anderem auf ihren starken Rückhalt unter den beidseitig der Grenze siedelnden *Durrānī*-Paschtunen aus Kandahar und dem pakistanischen Chaman zurückführen.[124] Darüber hinaus ermöglichten die von ihr geführten Koranschulen den Zugriff auf eine neue Generation unverschlissener junger Kämpfer, die sich zynisch von den Veteranen des afghanischen *ǧihād* abgrenzten und hoch motiviert waren, deren als unislamisch gegeißelter Lebensführung voller Korruption und Exzesse ein gewaltsames Ende zu bereiten.[125]

3.4 Der Aufstieg der Koranschüler

Ausgangspunkt der rasanten militärischen Expansion der *Ṭālibān* war die Eroberung eines von *Ḥekmatyār* genutzten pakistanischen Waffendepots im afghanischen Spin Baldak am 12. Oktober 1994.[126] Nicht einmal einen Monat später besetzten die Koranschüler mit Kandahar die zweitgrößte Stadt des Landes. Abermals fielen ihnen zahlreiche schwere Waffen in die Hände, darunter Panzer, Jagdflugzeuge und Transporthubschrauber. Dabei hatte die bis dato unbekannte Bewegung zweifellos von dem Machtvakuum in Folge der gnadenlosen Kämpfe profitiert, bei denen sich die alteingesessenen Führungsfiguren der Stadt nahezu vollständig aufgerieben hatten. Als die JUI den Fall Kandahars in aller Öffentlichkeit gefeiert und sich der damalige pakistanische Innenmi-

---

123 Ebd., S. 68.

124 C. Schetter: Afghanistan zwischen Chaos und Machtpolitik, in: Politik und Gesellschaft, 02/1998, (www.fes.de).

125 A. Rashid: Taliban, S. 164.

126 Nach dem Genfer Abkommen von 1990, welches die Lieferung militärischer Güter nach Afghanistan verbot, hatte der ISI das mit 18 000 Sturmgewehren, riesigen Munitionsvorräten, Artillerie und Fahrzeugen ausgestatte Lager kurzerhand in den kleinen Grenzort verlegt. Vgl. A. Davis: How the Taliban became a military force, in: W. Maley (Hrsg.): Fundamentalism Reborn? Afghanistan and the Taliban, London, 1998, S. 26.

nister *Naṣrullāh Bābar* gegenüber Journalisten mit dem Erfolg der Studenten gebrüstet hatte, galt ihre Unterstützung durch Islamabad fortan als offenes Geheimnis.[127]

Nachdem sich die Nachricht vom blitzartigen Siegeszug der *Ṭālibān* wie ein Lauffeuer verbreitet hatte, schlossen sich ihnen immer mehr junge paschtunische Männer aus den grenznahen Flüchtlingslagern zwischen Quetta und Peschawar an, denen wenig später auch pakistanische JUI-Mitglieder folgten.[128] Als die *Ṭālibān* 1996 schließlich Kabul eroberten und sich die restlichen Mudschahedin-Parteien in den Norden des Landes zurückzogen, schien das Ziel einer pro-paschtunischen Regierung in der afghanischen Hauptstadt erstmals erreicht. Während sich *Bênazīr Bhuttô* angesichts wachsender internationaler Kritik bereits 1995 genötigt sah zu beteuern, dass Pakistan keine Favoriten in Afghanistan habe und sich nicht in dessen innere Angelegenheit einmische, reiste der JUI-Führer *Faẓlurreḥmān* als Vorsitzender des nationalen Komitees für auswärtige Angelegenheiten zur selben Zeit durch Europa, die Vereinigten Staaten und Saudi-Arabien, um für die *Ṭālibān* zu werben.[129]

Dennoch zeigte sich bald, dass ihr Selbstverständnis als von Gott geleitete Reiniger eines frevelhaften afghanischen Gesellschaftssystems mit der ihnen zugedachten Rolle als Handlanger Islamabads nicht vereinbar war.[130] Im Gegensatz zu den ehemaligen Mudschahedinparteien, die abgesehen vom ISI kaum über eine Lobby in Pakistan verfügt hatten, stützten sich die *Ṭālibān* auf ein breites Netzwerk aus islamistischen Organisationen und einflussreichen Klerikern, aber auch aus kriminellen Akteuren wie der lokalen Transport- oder Drogenmafia. Entsprechend schnell führten die eingeschränkten Kontrollmechanismen pakistanischer Behörden zu außenpolitischen Komplikationen, vor allem nachdem *b. Lādin* im August 1996 seine „Erklärung des heiligen Krieges gegen die Amerikaner" (eigentlich unter dem Titel „Vertreibt

---

127 A. Rashid: Taliban, S. 73.
128 Ebd.
129 Ebd.
130 A. Mir: Talibanisation of Pakistan: From 9/11 to 26/11, New Delhi, 2009, S. 12.

die Juden und Amerikaner von der Arabischen Halbinsel") aus dem afghanischen Asyl an mehrere arabische Zeitungen gefaxt hatte.[131] Während die CIA damit begann, sämtliche finanziellen Aktivitäten von *al-
Qā'ida* und ihre Verbindungen zu anderen militanten Islamisten zu
überwachen, knüpfte der ISI zeitgleich erste Kontakte zwischen ranghohen Mitgliedern der Terrororganisation und der afghanischen Talibanbewegung.

Angesichts des pakistanischen Interesses an einer Fortsetzung des
Bündnisses mit den USA war dieser Schritt zwar überaus riskant, doch
dominierte der unmittelbare Konflikt mit Indien auch in diesem Fall
das strategische Denken innerhalb der Armeeführung. So stand das
Treffen zwischen *b. Ladin* und dem Talibanführer *Mullā Moḥammed
'Omar* in direktem Zusammenhang mit der Requirierung eines Ausbildungslagers für pakistanische Kaschmirkämpfer bei Chost.[132] Tatsächlich gelang es dem saudischen Extremisten, Teile der gebildeten *Ṭā-
libān* für seine panislamische Ideologie so weit zu begeistern, dass diese der Rückgabe des Trainingscamps zustimmten. Auf lange Sicht erwies sich der Erfolg der vom ISI angestrebten Steuerung der afghanischen Deobandi-Milizen durch *al-Qā'ida* jedoch als gefährliches Trugbild.

Im Jahr 1997 zog *b. Lādin* mitsamt seiner Familie nach Kandahar,
wo er fortan gänzlich unter dem Schutz der *Ṭālibān* stand und schnell
an Einfluss gewann.[133] So unterstützte er die militärischen Offensiven
seiner Gastgeber in Nordafghanistan zwischen 1997 und 1998 durch
die Entsendung einiger hundert meist arabischer Freiwilliger. Nach der
Bombardierung zweier Ausbildungslager bei Dschalalabad und Chost
mit Marschflugkörpern als Reaktion auf die blutigen Anschläge gegen
die US-Botschaften in Kenia und Tansania im August 1998 rückten beide Bewegungen abermals zusammen, wobei die *Ṭālibān* nun ebenfalls

---

131 *B. Lādin* selbst war erst im Mai 1996 nach Afghanistan zurückgekehrt. Vgl.
   G. Kepel/J.-P. Milelli: Texte des Terrors, S. 67.

132 A. Rashid: Taliban, S. 236.

133 Dabei verteilte er Geldgeschenke an diverse Kommandeure und pflegte eine
   enge Freundschaft zu *Mullā 'Omar*, für dessen Familie er ein Haus errichten
   ließ. Vgl. A. Rashid: Taliban, S. 237.

immer lauter gegen die USA, die Vereinten Nationen und Saudi-Arabien wetterten.[134] Auch wies *Mullā ʿOmar* die Forderung Washingtons nach einer sofortigen Auslieferung *b. Lādins* mit dem Hinweis auf das in Afghanistan verbreitete Gebot der Gastfreundschaft (*mêlmastyā*) zurück – angesichts der offenen Verachtung der *Ṭālibān* für in ihren Augen unislamische, traditionelle Verhaltenskodizes eine bemerkenswerte Aussage.[135]

---

134 A. Rashid: Taliban, S. 230.

135 Paschtu: ميلمستيا „Gastfreundschaft". Das Gebot ist ein zentraler Bestandteil der auf dem ungeschriebenen Ehrenkodex (*paṣtūnwālī*) beruhenden Stammeskultur. Vgl. C. Schetter: Talibanistan – Der Anti-Staat, S. 236.

4 Ein doppeltes Spiel: Islamabad, der Westen und der Kampf gegen den Terror

4.1 Strategische Tiefe: Die Persistenz eines gescheiterten Konzepts

Während die außenpolitische Bürde durch die Präsenz von *al-Qāʿida* in Afghanistan gleichermaßen auf die *Ṭālibān* und Islamabad zurückfiel, führte der Kontrollverlust über die vom ISI protegierten Fanatiker auch auf pakistanischem Territorium zu wachsenden Spannungen. So weigerten sich die neuen Machthaber in Kabul nicht nur, die Durand-Linie anzuerkennen, sondern förderten ihrerseits einen islamistisch geprägten Nationalismus in den paschtunischen Siedlungsgebieten Pakistans.[136] Das Scheitern des unter *Żiyāʾ ul-Ḥaq* formulierten Ziels, Afghanistan als strategischen Rückzugsraum zu nutzen, war in diesem Zusammenhang noch das kleinste Problem. So analysierte der pakistanische Schriftsteller *Iqbāl Aḥmad* bereits im August 1998 folgerichtig: „In military thought, it [strategic depth] is a non-concept unless one is referring to a hard-to-reach place where a defeated army might cocoon. Far from improving it, the Taliban's victory is likely to augment Pakistan's political and strategic predicament."[137]

Tatsächlich führte die faktische Auflösung der ohnehin kaum überwachten Grenze zu einer Stärkung der Autonomie paschtunischer Stämme auf beiden Seiten der Demarkationslinie, die mit dem Opiumhandel beträchtliche Einkünfte erzielten. Bereits 1997 entstanden die ersten kleinen, fundamentalistischen Stammesemirate auf pakistanischem Territorium, die ihrerseits den Grundstein für die spätere „Tali-

---

136 Zu diesem Zweck bewaffneten die *Ṭālibān* regierungsfeindliche Kräfte, um ihnen die Errichtung eines sunnitischen Gottesstaats in Pakistan zu ermöglichen. Vgl. A. Rashid: Taliban, S. 304.

137 E. Ahmad: What after strategic depth?, in: Dawn, 23. August 1998, (www.pakteahouse.wordpress.com).

banisierung" weiterer Landesteile bildeten.[138] Das Scheitern der strategischen Vision Islamabads brachte der pakistanische Journalist *Aḥmad Rašīd* dabei durch die Feststellung auf den Punkt, dass nicht die *Ṭālibān* Pakistan strategische Tiefe gäben, sondern es sich genau umgekehrt verhalte.[139]

Dessen ungeachtet setzte die starke pro-paschtunische Lobby innerhalb des Militär- und Geheimdienstapparates ihre desaströse Afghanistanpolitik unbeirrt fort.[140] Zudem ließ sich die Machtlosigkeit der Zivilregierung durch die verbreitete Euphorie nach dem erfolgreichen Test der ersten pakistanischen Atombombe Ende Mai 1998 lediglich kurzfristig kaschieren.[141] Schon im Folgejahr führte die eigenmächtige Besetzung der im IAK gelegenen Kargil-Höhen zum endgültigen Bruch zwischen dem damaligen Premierminister *Nawāz Šarīf* und der Armeeführung, die er öffentlich für das militärische Debakel verantwortlich machte.[142] Deren Oberkommandierender, General *Perwêz Mušarraf,* hingegen vertrat die innerhalb der Streitkräfte noch heute verbreitete Ansicht, dass der militärische Erfolg gegen den Erzfeind Indien vorzeitig von der zivilen Führung verschenkt worden sei.[143] Nach dem unblutigen Putsch und der Absetzung des Premierministers durch *Perwêz Mušarraf* im Oktober 1999 begann dieser die vierte Militärdiktatur der pakistanischen Geschichte mit dem fast schon obligatorischen Versprechen, nun transparente, demokratische Strukturen zu schaffen.

4.2 *Perwêz Mušarraf* und der 11. September 2001

Pakistans neuer Machthaber, dessen militärische Ausbildung ihn unter anderem in die Türkei, nach Großbritannien und in die USA geführt

---

138 C. Schetter: Talibanistan – Der Anti-Staat, S. 247.

139 A. Rashid: Taliban, S. 305.

140 So waren nicht nur der damalige Armeechef, sondern sämtliche Stabsoffiziere des Militärgeheimdienstes ethnische Paschtunen. Vgl. A. Rashid: Taliban, S. 412.

141 J. Scholz: Der Pakistan-Komplex, S. 159.

142 I. Malik: Pakistan: Democracy, Terror and the Building of a Nation, London, 2010, S. 36.

143 J. Hippler: Das gefährlichste Land der Welt?, S. 92.

hatte, galt als persönlich liberal, verteidigte das Recht dschihadistischer Gruppierungen auf Operationen in Kaschmir jedoch ebenso vehement wie das Weltbild der *Ṭālibān*.[144] Dennoch hielten ihn die meisten Islamisten des Landes für zu säkular; so hatte ihn der JUI-Führer *Maulānā Fażlurreḥmān* mit den Worten „Musharrafs knowledge on Islam and Madrassas is zero" scharf kritisiert.[145] In seltener Eintracht kam die JI mit der Aussage ihres Vorsitzenden *Amīrul'aẓīm* „Musharraf has no roots in the tradition of this country or of Islam" zu einem ganz ähnlichen Befund.[146] Abseits öffentlicher Verlautbarungen hatte die enge Kooperation zwischen der Armee und religiösen Kräften jedoch weiterhin Bestand.[147] Vor allem für den liberalen Mittelstand, der nach dem Putsch vergeblich auf die angekündigten demokratischen Reformen hoffte, war die fortgesetzte Solidarität mit den Extremisten eine herbe Enttäuschung. Auch der US-Gesandte *Karl Inderfurth* richtete während seines Besuchs in Islamabad im Januar 2000 unmissverständliche Worte an seine Gastgeber: „Pakistan's support to the Taliban, who harbor and protect Osama bin Laden, is of concern to us. We hope that Pakistan will take steps against such extremist groups, which carry out acts of violence inside Pakistan as well as in the region, including the Harkat ul-Ansar and the Hizb ul-Mujahedin."[148]

Der Forderung nach einer Auslieferung bekannter *al-Qā'ida*-Mitglieder kam Islamabad jedoch ebenso wenig nach wie dem Appell, die Unterstützung dschihadistischer Gruppierungen im In- und Ausland endlich einzustellen. So finanzierte der ISI noch im April 2001 eine dreitägige, von der JUI geführte Deobandi-Konferenz in der Nähe von Peschawar, auf der die Botschaften von *b. Ladin* zur Unterstützung des *Mullā 'Omar* vor hunderttausenden Besuchern verlesen wurden.[149] Ob-

---

144 A. Rashid: Descent into Chaos, S. 46.

145 Siehe A. Rashid: Interview with Maulana Fazlur Rehman, Khushab, 03.09.2000, in: Descent into Chaos, S. 46.

146 Siehe A. Rashid: Interview with Amir ul-Azim, Lahore, 13.07.2000, ebd.

147 J. Scholz: Der Pakistan-Komplex, S. 95.

148 Siehe A. Rashid: Transscript of press conference by Inderfurt, U.S. Embassy, Islamabad, 21.01.2000, in: Descent into Chaos, S. 427.

149 Ebd., S. 50.

wohl *Mušarraf* wenige Stunden vor Beginn der *Operation Enduring Freedom* (OEF) drei als radikale Islamisten bekannte Generäle und den Chef des ISI entließ, wirkte die nach dem 11. September 2001 öffentlich vollzogene Kehrtwende vor diesem Hintergrund geradezu grotesk.[150] Letztlich waren die Sicherheitsbehörden weder bereit, die über Jahrzehnte aufgebauten Verbindungen zu den dschihadistischen Organisationen zu kappen, noch ernsthaft gegen radikalislamische Tendenzen in ihren eigenen Reihen vorzugehen.[151]

Das persönliche Dilemma von *Mušarraf* bestand jedoch darin, dass er zeitgleich mit den westlichen Diplomaten auch zahlreiche gewaltbereite Islamisten davon überzeugt hatte, dass eben dieser Schritt nun bevorstand. Bereits einen Tag nach den ersten US-amerikanischen Luftangriffen auf Afghanistan am 7. Oktober 2001 kam es zu gewalttätigen Ausschreitungen in mehreren pakistanischen Städten, obwohl sich die Masse der Bevölkerung den von den religiösen Parteien ausgerufenen Protesten nicht anschloss. Besonders schwer waren die Unruhen in Quetta, wo eine aufgebrachte Menge von rund 15 000 Extremisten Kinos, Einkaufszentren und das Büro der Vereinten Nationen niederbrannte.[152] Von nun an sollte der Vorwurf der Komplizenschaft mit den Amerikanern den pakistanischen Staat endgültig zur Zielscheibe des Hasses seiner einstigen Zöglinge machen. Dass Islamabad die *Ṭālibān* unmittelbar vor der US-Offensive dennoch mit Waffen, Munition und Treibstoff versorgte, lässt sich vor allem durch die Furcht vor einem Sieg der so genannten *Nordallianz* erklären, die seit Längerem von Indien, Iran und Russland unterstützt wurde.[153] Zudem verblieben, entgegen der Zusage von *Mušarraf*, alle pakistanischen Kräfte vor Beginn

---

150 Ebd., S. 79.

151 J. Scholz: Der Pakistan-Komplex, S. 167.

152 A. Rashid: Descent into Chaos, S. 80.

153 Persisch: جبهه متحد اسلامى ملى براى نجات افغانستان „Nationale Islamische Vereinigte Front zur Rettung Afghanistans". Die 1997 gegründete Anti-Taliban Allianz bestand überwiegend aus usbekischen und tadschikischen Verbänden sowie Kämpfern der Hazara. Vgl. K. Mielke: Der afghanische Bürgerkrieg, in: Wegweiser zur Geschichte: Afghanistan, Paderborn, 2007, S. 119.

der OEF abzuziehen, zahlreiche ISI-Angehörige und Soldaten des *Frontier Corps* (FC) zur Unterstützung der *Ṭālibān* in Afghanistan.[154]

4.3 Zuflucht im Osten: Das Talibanregime verlässt Afghanistan

Zu den bemerkenswertesten Ereignissen in diesem Zusammenhang gehört die Flucht hunderter ISI- und Armeeangehöriger aus der von der *Nordallianz* eingeschlossenen Stadt Kunduz mit Hilfe der pakistanischen Luftwaffe. So landeten kurz vor dem Fall der letzten nordafghanischen Bastion der *Ṭālibān* am 15. November 2001 mehrere Transportflugzeuge in der Nähe der Stadt.[155] Obwohl das Pentagon die nächtlichen Flüge umgehend dementierte, griff der US-amerikanische Reporter *Seymour Hersh* die von mehreren Augenzeugen bestätigte Aussetzung der Bombardements und die Öffnung eines Luftkorridors auf. Gestützt auf die Aussagen vor Ort befindlicher Mitarbeiter der *United Nations* (UN) und Angehöriger des *International Committee of the Red Cross* (ICRC) kam er dabei zu dem Schluss: „Pakistanis were indeed flown into safety, in a series of nighttime airlifts that were approved by the Bush Administration."[156] Zudem entkamen über die Luftbrücke auch Talibankommandeure, arabische *al-Qāʿida*-Mitglieder und Kämpfer der *Islamic Movement of Uzbekistan* (IMU).[157]

Gemeinsam mit tausenden auf dem Landweg nach Pakistan geflohenen Gotteskriegern gelang es den aus Nordafghanistan abgezogenen Kräften relativ schnell, sich in den paschtunischen Stammesgebieten der FATA und der NWFP neu zu gruppieren. Am 12. Dezember 2002 nahm *Perwêz Muṣarraf* während einer TV-Ansprache erstmals öffentlich Stellung zur Präsenz der Dschihadisten und erklärte: „Pakistan will not allow its territory to be used for any terrorist activity anywhere in the world."[158] Da die pakistanische Armee ihre Truppen in den Grenz-

---

154 A. Rashid: Descent into Chaos, S. 78.

155 D. Filkins/C. Gall: Pakistanis Again Said to Evacuate Allies of Taliban, in: The New York Times, 23.11.2001, (www.afghanistannewscenter.com).

156 S. Hersh: The Getaway, in: The New Yorker, 28.01.2002, (www.newyorker. com).

157 A. Rashid: Descent into Chaos, S. 93.

158 Pervez Musharraf: Pakistan's leader comes down hard on extremists, in: CNN World, 12.01.2002, (www.cnn.com).

regionen aber erst relativ spät verstärkt hatte, diese abseits der Durand-Linie stationierte und der Entwaffnung militanter Kräfte aus dem Weg ging, konnten die *Ṭālibān* und ihre Verbündeten den Kampf in Afghanistan jedoch rasch wieder aufnehmen.[159] Gleichzeitig lieferte das Militärregime mit der Festnahme teils hochrangiger *al-Qāʿida*-Mitglieder international vorzeigbare Erfolge im Kampf gegen den Terrorismus. Während die US-Regierung dies zum Anlass nahm, den Druck auf Islamabad nicht weiter zu erhöhen, sollten die Spannungen zwischen einheimischen Islamisten und der pakistanischen Regierung jedoch bald zum offenen Konflikt führen.

Trotz der sich abzeichnenden Konfrontation unterschied das Regime noch immer zwischen zwei längst nicht mehr zu trennenden Erscheinungsformen islamistischer Militanz auf eigenem Boden: Den vermeintlich loyalen Dschihadisten mit ihren strategisch relevanten Operationsgebieten in Kaschmir und Afghanistan, und den überwiegend arabischstämmigen Kämpfern von *al-Qāʿida*, wobei das Enthauptungsvideo *Daniel Pearls* Pakistan wenige Monate nach dem Einsturz des World Trade Centers erneut in den Focus der internationalen Medien rückte.[160] Tatsächlich widersprach die Vorgehensweise des mutmaßlichen Hauptinitiators *Aḥmad ʿOmar Šaiḫ* der Einteilung des ISI in nützliche einheimische und schädliche ausländische Extremisten in nahezu sämtlichen Punkten. So war der in Großbritannien geborene Sohn pakistanischer Einwanderer nicht nur Teil des innersten Führungszirkels der JeM mit besten Kontakten zu ihrem Gründervater *Masʿūd Azhar*. Auch war es ihm gelungen, Terroristen aus mehreren lokalen Gruppierungen anzuwerben und diese unter der Schirmherrschaft von *al-Qāʿida* für die Dauer einer einzelnen Operation zu einer Einheit zusammenzufügen.[161] Mit der Ermordung *Pearls* lieferte *Aḥmad ʿOmar*

---

159 A. Rashid: Descent into Chaos, S. 148.

160 Die Enthauptung des jüdischstämmigen Reporters war der erste bekannte Fall einer von *al-Qāʿida* auf Video aufgezeichneten Hinrichtung, die insbesondere im Irak zu einem Markenzeichen der Bewegung werden sollte. Vgl. J.-C. Brisard: Das neue Gesicht der Al-Qaida: Sarkawi und die Eskalation der Gewalt, 2. Auflage, Berlin, 2005, S. 185.

161 A. Rashid: Descent into Chaos, S. 154.

Šaiḫ die Blaupause für eine ganze Reihe weiterer Anschläge, die sich keiner einzelnen Gruppierung mehr zuordnen ließen und ihrem Erfinder hohes Ansehen innerhalb der dschihadistischen Szene Pakistans einbrachten.[162] Dabei richtete sich ein Großteil der Attentate gegen die religiösen Minderheiten des Landes. So wurden in den ersten vier Monaten des Jahres 2002 allein in Karatschi 17 schiitische Doktoren, 16 Beamte, fünf Anwälte und vier Lehrer erschossen.[163]

4.4 Islamabad zwischen Kontrolle und Chaos

Allen Gewaltausbrüchen zum Trotz entschied sich die Armeeführung im Oktober 2002 zur Durchführung von Parlamentswahlen. Bei der angestrebten dauerhaften Festigung ihrer politischen Rolle setzte sie abermals auf die religiösen Parteien, denen sie im Vorfeld des Votums massive Unterstützung zukommen ließ. So erhielt das erst kurz zuvor aufgestellte islamistische Parteienbündnis *Muttaḥida Maǧlis-e ʿAmal* (MMA) als einzige Gruppierung die Erlaubnis, Wahlkampfveranstaltungen durchzuführen, indem diese nicht als politische, sondern als religiöse Veranstaltungen deklariert wurden. Zudem profitierte die Organisation von einer weiteren Gesetzesänderung, die Parlamentskandidaten ohne Hochschulstudium fortan von der Kandidatur ausschloss – bei einer landesweiten Analphabetenquote von rund 46 % ein großes Hindernis für viele Bewerber.[164] Die an den *madāris* zu erlangenden Zertifikate hingegen wurden mit universitären Abschlüssen gleichgesetzt, was der MMA die Aufstellung unzähliger Mullahs ermöglichte.

Angesichts der bereits im Vorfeld massiven Manipulation erzielten die Islamisten 2002 ihr bisher bestes Ergebnis und zogen als drittstärkste Kraft ins Parlament ein. Hauptgewinner innerhalb der MMA war die JUI, die in der NWFP fortan die Provinzregierung stellte und dort nicht nur Glücksspiele, Musik, Werbetafeln und den Verkauf von Alkohol

---

162 So gingen mehrere folgende Anschläge auf Kirchen, Hotels, Botschaften und Regierungsgebäude auf das Konto einer Zelle mit dem Namen *Laškar-e ʿOmar*, die sich wiederum aus Mitgliedern der HuJI, LeJ und JeM zusammensetzte. Vgl. N. Howenstein: The Jihadi Terrain in Pakistan, S. 38.

163 A. Rashid: Descent into Chaos, S. 155.

164 J. Hippler: Das gefährlichste Land der Welt?, S. 100.

verbot, sondern im Mai 2003 auch eine an das Talibanregime angelehnte Rechtsprechung einführte. Obwohl *Mušarraf* den *šarī'a*-Erlass öffentlich kritisierte, ließ er die Bevorzugung der MMA durch die Armee weiterhin unangetastet.[165] Derweil hatte der Versuch, die Auslieferung usbekischer, tadschikischer, tschetschenischer und arabischer Dschihadisten aus Südwaziristan mit Waffengewalt zu erzwingen, bereits im Februar 2003 zu einem Aufstand paschtunischer Stämme in der *Ṭālibān*-Hochburg geführt, der bald den Rest der FATA erfasste und schließlich auch auf mehrere Distrikte in den NWFP übergriff.[166] Die schweren Verluste der pakistanischen Armee bei den vielerorts erfolglosen Bestrebungen, die territoriale Souveränität des Staates in dieser Region zu wahren, erwiesen sich dabei lediglich als Vorgeschmack kommender Ereignisse.[167]

---

165 A. Rashid: Descent into Chaos, S. 158.
166 Tribal tribulations, in: Jane's Intelligence Review, Volume 21, Number 02, 02/2009, S. 8.
167 J. Scholz: Der Pakistan-Komplex, S. 169.

5   Resümee: Pakistan – Ein gescheiterter Staat?

Trotz zahlloser innen- und außenpolitischer Fallstricke für das in die postkoloniale Unabhängigkeit entlassene Pakistan kristallisierte sich die bis heute ungelöste Frage nach einem konsensfähigen Staatsverständnis bereits vor 1947 als eigentliches Grundproblem heraus. Grob vereinfacht lassen sich die zyklischen Wechsel zwischen formaldemokratischen Phasen und Militärdiktaturen ebenso auf diesen Umstand zurückführen wie die bis heute andauernde politische Spaltung des Landes entlang der Schnittstellen zwischen säkularen und religiösen Lagern.

Allerdings wird diesem Ansatz in Teilen der Forschungsliteratur strikt widersprochen. So verweist *Jochen Hippler* auf die Überbewertung ideologischer und konfessioneller Fragen, die in der pakistanischen Innenpolitik vor allem einen populistischen Nutzen hätten.[168] Die Annahme, radikalislamische Gruppen seien in erster Linie willfährige Erfüllungsgehilfen der jeweiligen Machthaber, gleicht jedoch auf frappierende Art und Weise der historischen Fehleinschätzung des pakistanischen Militärs. Tatsächlich führte die Unfähigkeit des ISI, den seit dem Beginn des afghanischen Bürgerkrieges galoppierenden Kontrollverlust über die religiösen Fanatiker wahrzunehmen, Islamabad auf direktem Weg in die militärische Konfrontation mit den vermeintlichen Verbündeten. Seither verloren bei den bislang erfolglosen Versuchen, das staatliche Gewaltmonopol in den FATA und Teilen der NWFP auch nur annähernd wieder herzustellen, über 3000 Angehörige der pakistanischen Armee und des *Frontier Corps* ihr Leben.[169] Zudem lösten die Gefechte mit bis zu 2,4 Millionen Vertriebenen eine Flüchtlingskrise aus, deren Ausmaß durchaus mit dem Massenexodus in Ru-

---

168 J. Hippler: Das gefährlichste Land der Welt?, S. 270.
169 Pakistan Assessment 2010, in: South Asia Terrorism Portal, (ww.satp.org).

anda Mitte der Neunzigerjahre des vergangenen Jahrhunderts vergleichbar ist.[170]

Vollkommen zutreffend hingegen ist der Hinweis auf nicht vorhandene Berührungsängste zwischen Islamisten und staatlichen Organen, der durch den realpolitischen Pragmatismus gleich mehrerer radikaler Organisationen belegbar ist. So hatten die Anhänger von *Maudūdī* den Staatsgründer *'Alī Ğinnāḥ* noch zu dessen Lebzeiten wiederholt als „großen Ungläubigen" tituliert, das Bedürfnis der Regierung nach politischer Legitimation jedoch kurz nach der Unabhängigkeit als geeignetes Vehikel zur Umsetzung ihrer eigenen Agenda erkannt.[171] Darüber hinaus kam die vor allem innerhalb der Streitkräfte vorherrschende Überzeugung, dass nur ein streng orthodoxes Religionsverständnis in der Lage sei, den Vielvölkerstaat ideologisch zu einen, den Islamisten naturgemäß entgegen.

Am deutlichsten zeigten sich die inhaltlichen Überschneidungen unter *Żiyā' ul-Ḥaq*, dessen staatlich sanktionierte Islamisierungspolitik in enger Kooperation mit der JI betrieben wurde.[172] Die Folgen der damaligen Allianz belasten die pakistanische Gesellschaft bis heute. So lassen sich die Wurzeln zahlreicher zeitgenössischer Probleme, etwa der Fundamentalismus religiöser Parteien, die explosionsartige Vermehrung von *madāris* und dschihadistischen Gruppierungen, die Verbreitung einer Drogen- und Waffenkultur sowie die Zunahme interreligiöser und ethnischer Gewalt bis in die Herrschaftszeit von *Żiyā' ul-Ḥaq* zurückverfolgen.[173] Auch die Zusammenarbeit mit säkularen Regierungen oder die Teilnahme an Wahlen hat bislang weder die JI noch die JUI zu einer inneren ideologischen Neuausrichtung und einer Abschwächung ihres radikalen Diskurses bewegen können. Stattdessen hat die Enttäuschung über die pro-westliche Politik des Staates die Entstehung militanter Splittergruppen beschleunigt, die jederzeit bereit

---

170 O. Waraich/S. Adda: Fleeing the Taliban: Pakistani Refugees in Limbo, in: TIME Magazine, 27.05.2009, (www.time.com).

171 C. Wieland: Nationalstaat wider Willen, Frankfurt/New York, 2000, S. 326.

172 J. Scholz: Der Pakistan-Komplex, S. 93.

173 A. Rashid: Descent into Chaos, S. 305.

sind, die Forderungen liberaler Kräfte nach einem demokratisch verfassten Gemeinschaftswesen mit Waffengewalt zu bekämpfen.

Bisher verfügen diese Gruppen zwar kaum über die Mittel, ihre Forderungen nach einer umfassenden Islamisierung in ganz Pakistan durchzusetzen. Auf Distrikt- oder Provinzebene hingegen haben sie mit der oft gewaltsamen Einführung der *šarī'a* aber bereits erste Erfolge erzielt und mehrfach Versuche unternommen, diese auch in größeren Städten zu etablieren. Die dem entgegenstehende Tatsache, dass weite Teile der pakistanischen Gesellschaft Gewalt im Namen ihrer Religion grundsätzlich ablehnen und für eine friedliche Außenpolitik, ein modernes Bildungswesen sowie eine starke wirtschaftliche und gesellschaftliche Partizipation eintreten, lässt sich allerdings kaum bestreiten.[174] Doch scheint die Hoffnung, die im Entstehen begriffene Mittelklasse könne als Kitt zwischen den verschiedenen Interessengruppen des Landes fungieren und die lang ersehnte Etablierung eines ebenso stabilen wie gerechten politischen Systems ermöglichen, zum gegenwärtigen Zeitpunkt verfrüht.[175]

Dabei offenbart gerade der Umstand, dass bislang jede pakistanische Regierung die Zusammengehörigkeit der Nation beschworen hat, die noch immer vorherrschende starke Polarisierung des Landes.[176] So kamen allein 1995 rund 2000 Menschen bei ethnischen Zusammenstößen in Karatschi ums Leben.[177] Gemessen an dem Anspruch *Ǧinnāḥs*, eine demokratisch verfasste Nation für alle indischen Muslime schaffen zu wollen, ist Pakistan tatsächlich ein gescheiterter Staat. Dies wird nicht nur durch die Entscheidung der Mehrheit der Muslime unterstrichen, nach der Gründung beider Staaten in Indien zu verbleiben, sondern auch durch die (spätere) Abspaltung Bangladeschs. Auch die bis heute andauernde gesellschaftliche Zersplitterung Pakistans ist ein deutlicher Beleg gegen die Überzeugung der Islamisten, dass allein der

---

174 I. Malik: Pakistan: Democracy, Terror and the Building of a Nation, S. 103.

175 Zwischen 2000 und 2005 haben mehr als 1,8 Millionen Pakistanis ihre Heimat in Richtung Golfregion, USA und Europa verlassen, darunter hunderttausende Akademiker. Vgl. J. Scholz: Der Pakistan-Komplex, S. 66.

176 C. Wieland: Nationalstaat wider Willen, S. 340.

177 J. Hippler: Das gefährlichste Land der Welt?, S. 213.

56

Islam in der Lage sei, die mannigfaltigen ethnisch-regionalen und konfessionellen Differenzen in der rasch wachsenden Bevölkerung zu überbrücken.[178]

Dessen ungeachtet widmet sich der folgende Abschnitt der Arbeit eben jenen islamistischen Organisationen, die an der notfalls gewaltsamen Bekehrung der pakistanischen Gesellschaft festhalten und auch dem Export religiös motivierter Gewalt grundsätzlich positiv gegenüberstehen.

---

178 C. Wieland: Nationalstaat wider Willen, S. 346.

6 Kontrollierte Aggression:
Die *Ḥizb ul-Muǧāhidīn* im Kaschmirkonflikt

6.1 *Abū l-Aʿlā Maudūdī*: Vom Agitator zum Revolutionär

Saiyid Abū l-Aʿlā Maudūdī wurde am 25. September 1903 im nordindischen Aurangabad als Sohn eines Rechtsanwalts geboren.[179] Als jüngster von drei Brüdern wuchs er in einer zutiefst religiösen Familie auf, deren Vorfahren nicht nur eine wichtige Rolle bei der Islamisierung Indiens für sich reklamierten, sondern ihre Abstammung bis auf den Propheten *Muḥammad* selbst zurückführten. Vor allem sein Vater, der sich persönlich der schulischen Bildung seines Sohnes annahm, unterbrach seine juristische Tätigkeit mehrfach, um sich gänzlich der Spiritualität des Islam widmen zu können.[180] Bis zu seinem Tod im Jahr 1918 war es ihm weitgehend gelungen, *Abū l-Aʿlā* von europäischen Kultureinflüssen fernzuhalten. So hatte er weder längere Zeit auf öffentlichen Schulen verbracht, noch eine formell religiöse Ausbildung durchlaufen. Dennoch erhielt er bereits im Alter von 17 Jahren eine erste Anstellung als Redakteur bei der in Jalalpur ansässigen Zeitung *at-Tāǧ* (die Krone).[181] Auch der Beginn seines politischen Engagements ist eng mit der im heutigen Pakistan liegenden Stadt verknüpft. So schloss er sich der panislamischen *ḫilāfat*-Bewegung an, die nach der Niederlage des Osmanischen Reiches im Ersten Weltkrieg für dessen Fortbestand eintrat.[182] Zwar erlebte *Maudūdī* nach deren Zusammenbruch im Jahr 1924 eine erste intellektuelle Krise.[183] An Stellenangeboten mangelte es

---

179 A. Rashid: Descent into Chaos, S. 35.

180 A. Isseroff: Abul Ala Maududi, in: Encyclopedia of the Middle East, (www.mideastweb.org).

181 R. Elger (Hrsg.): Kleines Islam Lexikon, S. 207.

182 K. K. Wöhler-Khalfallah: Maududis „Als Muslim leben" im Widerstreit mit den Normen der liberalen, rechtsstaatlichen und säkularen Demokratie, in: Jahrbuch für Extremismus- und Terrorismusforschung 2008, Brühl, 2008, S. 466.

183 R. Elger (Hrsg.): Kleines Islam Lexikon, S. 207.

ihm jedoch nicht. Im Jahr 1925 übernahm er den Posten des Herausgebers der von der *Ğamʿīyat-e ʿUlamāʾ Hind* finanzierten, prestigeträchtigen Zeitschrift *al-Ğamʿīyat* in Delhi. Zeitgleich nahm er an religiösen Seminaren an der in der Altstadt gelegenen *Fatihpuri-Moschee* teil, die ihm nach etwa einem Jahr ein Zertifikat als Deobandi-Gelehrter ausstellte.[184]

Verglichen mit den noch heute gültigen traditionellen Lehrplänen südasiatischer Koranschulen, deren Regelstudienzeit je nach Einstiegslevel des Studenten rund acht Jahre beträgt, wirft dies unweigerlich Fragen nach dem tatsächlichen Umfang der religiösen Bildung von *Maudūdī* auf.[185] Gleichwohl unterbrach er seine journalistische Tätigkeit ab 1928 für rund zwei Jahre, um sich vollends der Arbeit an seinem Werk *Risāla-e dīniyāt* widmen zu können, das mit seinem Erscheinen den Grundstein seiner Karriere als bis heute wichtigster Vordenker des indo-pakistanischen Islamismus legen sollte.[186] *Maudūdī* selbst hingegen vertrat bereits zu diesem Zeitpunkt einen deutlichen panislamischen Anspruch. So trat er in Karatschi dem dortigen Ableger der noch jungen *Ğamʿīyat al-Iḫwān al-Muslimīn* (MB) bei, dessen Gründer *Ḥasan al-Bannā* (1906-1949) ein maßgeblicher Einfluss auf die Entwicklung seiner Ideen zugeschrieben wird.[187] Diese verbreitete er ab

---

184 S. V. R. Nasr: Mawdudi and the Making of Islamic Revivalism, New York, 1996, S. 18.

185 Tatsächlich gehört die mangelhafte Autorität von *Maudūdī* in Fragen islamischer Jurisprudenz zu den am häufigsten verwendeten Vorwürfen seiner Gegner: Dabei kann folgende Aussage von *Muftī Kifāyatollāh Dehlavī* durchaus als exemplarisch gelten: "He (Maududi) has neither learned from nor been disciplined by a scholar of repute. He is very well read but his understanding of religion is weak". Siehe A. Isseroff: Abul Ala Maududi.

186 Urdu: رساله دينيات „Traktat der Theologie".

187 Arabisch: الإخوان المسلمين „Muslimbrüder". Die 1928 in Ägypten gegründete Organisation gehört zu den frühesten Vertretern des politischen Islam überhaupt. Noch heute stellt sie in vielen muslimischen Ländern die wichtigste Oppositionspartei und hat zahlreiche weitere radikale Gruppierungen maßgeblich beeinflusst. Im Falle der Ideen von *Maudūdī* lassen sich diese ihrerseits in den geistig-konzeptionellen Grundlagen der MB nachweisen. Dies gilt vor allem für die Werke von *Ḥasan al Bannā*. Vgl. G. Steinberg: Der nahe und der ferne Feind, S. 19.

1932 vor allem über die von ihm gekaufte Zeitschrift *Tarjumān al-Qur'ān*, die noch heute als das wichtigste Medium der 1941 in Pathankot gegründeten *Ǧamāʿat-e Islāmī* (JI) gilt.[188] Bereits zehn Jahre später vertrat *Maudūdī* als Wortführer der *ʿulamā'* die Forderung religiöser Hardliner nach der Einführung der *šarīʿa* während der ersten verfassungsgebenden Versammlung Pakistans.[189] Derweil lehnte die Mehrheit der Bevölkerung seine Vermischung von Religion und Politik strikt ab, wobei die Kritik an seiner Islaminterpretation bis zum Vorwurf der Häresie reichte.[190]

6.2 Die *Ǧamāʿat-e Islāmī:* Ideologie und Zielsetzung

Ebenso wie im Fall der ägyptischen *Iḫwān*, dürfte die als demütigend empfundene Herrschaft einer als minderwertig betrachteten christlich-abendländischen Kultur über die Muslime entscheidend zur Entwicklung der extremistischen Positionen von *Maudūdī* beigetragen haben.[191] Dass diese Sichtweise auch von Erfahrungen aus seinem persönlichen Umfeld getragen wurde, ist keinesfalls auszuschließen. So hatte bereits die Generation seiner Eltern mit der Abschaffung der Mogul-Herrschaft durch Großbritannien die soziale Deklassierung ihrer einst hoch angesehenen Scharifenfamilie erlebt.[192] Tatsächlich zieht sich die Suche nach den Ursachen der als widernatürlich empfundenen Ohnmacht der Muslime wie ein roter Faden durch seine Schriften. So beklagte er unter anderem in seinem 1948 erschienenem Werk *Islām*

---

188 Arabisch: ترجمان القرآن „Übersetzer des Koran".

189 A. Isseroff: Abul Ala Maududi.

190 K. K. Wöhler-Khalfallah: Maududis „Als Muslim leben", S. 466.

191 *Maudūdī* selbst verweist in diesem Zusammenhang auf folgenden Koranvers (3:110): „Ihr (Gläubigen) seid die beste Gemeinschaft, die unter den Menschen entstanden ist. Ihr gebietet was recht ist, verbietet, was verwerflich ist und glaubt an Gott". Der Koran, Übersetzung von R. Paret, 11. Ausgabe, Stuttgart, 2010; vgl. *A. A. Maudūdī*: Jihād in Islām (*al-Ǧihād fī sabīl Allāh: bil-luġat al-ʿinklīzīya, lil-ittiḥād al-islāmī al-ʿālamī lil-munaẓẓamāt aṭ-ṭulābīya*), Neuauflage des Holy Koran Publishing House, Libanon, 1980, S. 18.

192 Arabisch: شريف „edel, erhaben". Der Begriff wird insbesondere für die Sippe und die Nachkommen des Propheten *Muḥammad* verwendet. Vgl. R. Elger (Hrsg.): Kleines Islam Lexikon, S. 287.

kā niẓām ḥayāt:[193] „Why those whom we call Kafir, i.e. disobedient slaves of God, are everywhere dominating over us? And why we, who claim to be His obedient slaves, are subjugated everywhere?"[194]

Seiner Antwort auf diese Fragen lag die feste Überzeugung zugrunde, dass die aktuelle Misere in erster Linie selbstverschuldet sei. Vor allem die unlautere Regierungsführung muslimischer Herrscher habe, so der später auch von *Saiyid Quṭb* (1906–1966) aufgegriffene Vorwurf, einst prosperierende islamische Länder in den Zustand vorislamischer *ǧāhilīya* zurückkatapultiert und ihrer Verunreinigung durch westliche Ideen Vorschub geleistet.[195] Die eigentliche Sprengkraft der Lehren von *Maudūdī* lag demnach weniger in ihrem antikolonialen Impetus, sondern vielmehr in der angestrebten Säuberung muslimischer Gesellschaften von jenen Elementen, die den Segnungen eines wahrhaften islamischen Staates im Weg standen. Das von moderaten Muslimen als unerhörte Anmaßung empfundene Glaubensverständnis rechtfertigte er dabei wie folgt: „[...] The truth is that Islam is not the name of a Religion [...]. In reality Islam is a revolutionary ideology and programme which seeks to alter the social order of the whole world and rebuild it in conformity with its own tenets and ideals."[196] Geleitet von der Prämisse, dass eine auf *Qur'ān* und *sunna* beruhende Lebensführung unter einem unislamischen Regierungssystem nicht zu verwirklichen sei, versteht sich die spätere Gründung der JI exakt vor diesem Hintergrund.[197]

So skizzierte *Maudūdī* in seinem noch näher zu untersuchenden Werk *al-Ǧihād fī sabīl Allāh* bereits 1932 folgende politische Ziele:[198] „This [islamic] party is left with no other choice except to capture state

---

193 Urdu: إسلام كا نظام حيات „Als Muslim leben" [Titel der deutschen Übersetzung].

194 Siehe A. Isseroff: Abul Ala Maududi, S. 3.

195 Arabisch: الجاهلية „Die vorislamische Zeit". Sowohl *Maudūdī* als auch *Quṭb* verstehen den Begriff als Geisteszustand, der auch moderne Gesellschaften befallen kann. Vgl. G. Steinberg: Der nahe und der ferne Feind, S. 19.

196 A. A. Maudūdī: Jihād in Islām (*al-Ǧihād fī sabīl Allāh*), S. 5.

197 Arabisch: سنة „Brauch, Sitte". Im religiösen Kontext bezeichnet der Begriff die als verbindliches Vorbild dienenden Aussagen und Handlungen des Propheten *Muḥammad.*

198 Arabisch: الجهاد في سبيل الله „Der heilige Krieg für die Sache Gottes".

authority, for an evil system takes root and flourishes under the patronage of an evil government and a pious cultural order can never be established until the authority of Government is wrested from the wicked and transferred into the hands of the reformers."[199] Dabei befürwortete er ausdrücklich eine graduelle Vorgehensweise, verlangte aber gleichzeitig, das globale Fernziel nicht aus den Augen zu verlieren: „In the initial stages it is incumbent upon members of the party of Islam to carry out a revolution in the state system of the countries to which they belong, but their ultimate objective is no other than the effect of a world revolution."[200] Ebenso klar umrissen sind die Vorstellungen von *Maudūdī* hinsichtlich der Beschaffenheit des zukünftigen islamischen Staates. Dieser würde neben klassischen Zuständigkeiten wie Verwaltung, Rechtsprechung und Außenpolitik sämtliche gesellschaftlichen Probleme durch die minutiöse Befolgung der *šarī'a* als vollkommener und allumfassender sozialer Ordnung beseitigen.[201]

Ein zentraler Aspekt dieses Staatsverständnisses ist die *ḥākimīya*, die als Souveränität Gottes einer auf weltlichen Grundsätzen beruhenden Volksherrschaft diametral entgegensteht.[202] Zwar sollte es den muslimischen Untertanen innerhalb dieses Systems durchaus möglich sein, ihre Repräsentanten selbst zu wählen. Diese jedoch wären an die Weisungen der *'ulama'* gebunden, denen letztlich das entscheidende Urteil über die Vereinbarkeit sämtlicher gesellschaftspolitischer Entscheidungen mit dem Willen Gottes zustand.[203] Dass sich hinter dieser Staatsform aufgrund des hohen Interpretationsbedarfs islamischen Rechts nichts anderes verbirgt als die Diktatur fehlbarer Religionsge-

---

199 A. A. Maudūdī: Jihād in Islām (*al-Ǧihād fī sabīl Allāh*).

200 Ebd., S. 22.

201 A. Isseroff: Abul Ala Maududi.

202 Arabisch: حاكمية الله „Herrschaft Gottes". Der von *Maudūdī* verwendete Begriff findet sich unter anderem auch im 1964 veröffentlichten Werk *Ma'ālim fī ṭ-ṭarīq* (Wegzeichen) von *Quṭb*, dem Standardwerk des militanten Islamismus. Vgl. A. Isseroff: Abul Ala Maududi; G. Steinberg: Der nahe und der ferne Feind, S. 19.

203 Im Iran erfüllte der ausschließlich aus islamischen Rechtsgelehrten bestehende Wächterrat eben diese Funktion. Vgl. H. G. Ebert/H. Fürtig/H. G. Müller: Die Islamische Republik Iran, S. 440.

lehrter, ist zweifellos richtig.[204] Dennoch erscheint der Entwurf einer „islamischen Demokratie" mit ihrer scharfen Abgrenzung von westlich-säkularen Konzepten vielen sunnitischen und schiitischen Islamisten noch heute als absolut erstrebenswert. So sind die Parallelen zwischen den Lehren von *Maudūdī* und dem revolutionären Staatsverständnis der 1979 gegründeten Islamischen Republik Iran keinesfalls zufällig entstanden. Während sich die Gerüchte über ein erstes Treffen zwischen ihm und *Rūḥollah Musavī Ḥomeinī* bis ins Jahr 1963 zurückverfolgen lassen und sogar auf die persönliche Übersetzung seiner Werke durch den *āyatollāh* verweisen, bedient sich das Teheraner Regime noch heute seiner Rhetorik.[205] Trotz des revolutionären Potenzials seiner Ideen und der Wertschätzung durch den *imām* selbst erhielt *Maudūdī* seit Ende der Sechzigerjahre ebenfalls großen Zuspruch aus Saudi-Arabien.[206] Vor allem die Königsfamilie avancierte zum größten ausländischen Finanzier seiner Partei. Dabei mag neben seinem hohen Bekanntheitsgrad auch die Tatsache eine Rolle gespielt haben, dass er als ehemaliger Deobandi-Schüler zur Verbreitung der saudischen Staatsdoktrin überaus geeignet schien.[207]

Zu diesem Zeitpunkt hatte sich die JI längst auch in seiner Heimat etabliert. Die pragmatische Kehrtwende der Gruppe, die ihre Utopie eines panislamischen Kalifats nach der Unabhängigkeit Pakistans 1947

---

204 K. K. Wöhler-Khalfallah: Maududis „Als Muslim leben", S. 495.

205 P. Jenkins: Clerical Terror: The roots of Jihad in India, in: The New Republic, 03.12.2009, (www.tnr.com).

206 Der in der iranischen Verfassung niedergeschriebene Ehrentitel von *Ḥomeinī* als „*imām*" entstammt ursprünglich der Bezeichnung „Stellvertreter des *imām*" und wurde der Einfachheit halber verkürzt. Somit beruht die Bezeichnung nicht auf einer Zuschreibung göttlicher Attribute, unterstreicht jedoch den politischen Führungsanspruch innerhalb der Gemeinschaft der Muslime. Vgl. H. G. Ebert/H. Fürtig/H. G. Müller: Die Islamische Republik Iran, S. 440.

207 Erste Kontakte zwischen indischen Vordenkern und arabischen Wahhabiten lassen sich bis in die erste Hälfte des 18. Jahrhunderts zurückverfolgen, als der aus Delhi stammende Rechtsgelehrte *Šāh Walīullāh* in Medina um 1730 von den Lehrern von *'Abdalwahhāb* unterrichtet wurde und dessen Ansichten nach Südasien brachte. Sein Einfluss ist sowohl innerhalb der *Ahl-e Ḥadīṯ* als auch in der Schule von Deoband nachweisbar. Vgl. C. Allen: The hidden roots of Wahhabism in British-India, London, 2005.

zugunsten einer Islamisierung des jungen Staates zurückstellte, hatte ihrer Glaubwürdigkeit kaum geschadet. Auch die Abspaltung unabhängiger Ableger im Zuge der Teilung Britisch-Indiens und der Unabhängigkeit Bangladeschs, konnten ihre Position als einflussreichste islamistische Partei des Landes nicht ernsthaft gefährden.[208] Neben ihrem gut ausgebauten Netz von karitativen Einrichtungen und religiösen Schulen, profitierte sie insbesondere von ihrer streng hierarchischen Führungsstruktur und einem hohen Maß an innerer Geschlossenheit. So ging sie bei der Vergabe von Mitgliedschaften stets selektiv vor und rekrutierte ihre Anhänger überwiegend aus der eigenen Studentenorganisation IJT.[209] Auch die anfänglich problematischen Beziehungen zum pakistanischen Staatsapparat verbesserten sich schrittweise, obwohl *Maudūdī* als mutmaßlicher Initiator gewaltsamer Übergriffe auf Angehörige der pakistanischen *Aḥmadīya*-Gemeinden bereits 1953 von einem Militärgericht zum Tode verurteilt worden war.[210]

Nach seiner Freilassung jedoch sollte sich gerade die Armee als geeignete Plattform für die Islamisierung des Landes erweisen – wenngleich sich die Allianz zwischen seinen Anhängern und hochrangigen Angehörigen der Streitkräfte zunächst nur langsam entwickelte. Wie eng die schicksalhafte Verflechtung beider Gruppen tatsächlich war, offenbarte sich spätestens bei der gemeinsamen Bekämpfung der bengalischen Unabhängigkeitsbewegung ab 1971. So versorgte das pakistanische Militär die aus der IJT hervorgegangenen Freiwilligenverbände *al-Badr* und *aš-Šams* nicht nur mit Waffen und kümmerte sich um deren Ausbildung, sondern verlieh ihnen offiziell den Status von Armeeangehörigen.[211] Seine bis dato stärkste Ausprägung erfuhr das Bündnis unter *Żiyāʾ ul-Ḥaq*, der die JI während der gesamten Achtzigerjahre an der Unterstützung der aus Pakistan heraus operierenden Mudschahedinparteien beteiligte. Dabei orientierten sich vor allem die extremsten Fraktionen um *Burhān-uddīn Rabbānī* und *Gulbuddīn Ḥekmatyār* am

---

208 N. Howenstein: The Jihadi Terrain in Pakistan, S. 13.
209 H. Haqqani: The Ideologies of South Asian Jihadi Groups, S. 17.
210 A. Isseroff: Abul Ala Maududi.
211 N. Howenstein: The Jihadi Terrain in Pakistan, S. 13.

64

ideologischen Fundament von *Maudūdī* und nahmen sich darüber hinaus auch die streng hierarchische Struktur der pakistanischen Islamisten zum Vorbild.[212] Die Kritik der JI an der Zusammenarbeit des saudischen Königshauses mit den Vereinigten Staaten im zweiten Golfkrieg von 1990/1991 führte zwar dazu, dass Riad die massive finanzielle Unterstützung der Partei vorläufig einstellte. Die dadurch hervorgerufene temporäre Schwächung der JI in der Region gilt inzwischen jedoch als überwunden, die Verbindungen zu Saudi-Arabien erweisen sich wieder als stabil.[213]

Ungeachtet der offenkundigen Verstrickung in militärische Aktivitäten in Bangladesh, Kaschmir und Afghanistan versteht sich die Kernpartei bis auf den heutigen Tag als primär ideologisch-politische Bewegung. Dabei hat sich die JI stets um eine gezielte Auslagerung militärischer Operationen bemüht und penibel darauf geachtet, die bereits erreichten Erfolge bei der langfristig angelegten Islamisierung Pakistans nicht durch Gewaltakte innerhalb des Landes zu gefährden.[214] Andererseits steht die gewaltsame Verbreitung ihrer Ideologie keinesfalls im Widerspruch zu den Schriften ihres Spiritus rector, der den bewaffneten *ğihād* eindeutig legitimiert.[215] Die Gründung ihres größten auf den militärischen Kampf spezialisierten Ablegers *Ḥizb ul-Muǧāhidīn* (HM) versteht sich vor eben diesem Hintergrund.

6.3 *Al-Ǧihād fī sabīl Allāh*: Der heilige Krieg als Mittel zum Zweck

Maudūdīs Werke gehören zweifellos zu den am häufigsten gelesenen Klassikern des islamischen Fundamentalismus. Während ihre Rolle als wichtige Inspirationsquelle zahlreicher dschihadistischer Bewegungen unbestritten ist, erfreuen sich seine in mehrere Sprachen übersetzten Schriften vor allem in jüngster Zeit einer wachsenden Popularität un-

---

212 A. Isseroff: Abul Ala Maududi.

213 H. Haqqani: The Ideologies of South Asian Jihadi Groups, S. 14.

214 K. Murad: Revolution: Through Bullet or Ballot, in: Tarjuman al-Qur'ān 01/1996, (www.scribd.com).

215 H. Haqqani: The Ideologies of South Asian Jihadi Groups, S. 19.

ter jungen Muslimen in Europa.[216] Dabei besteht der Großteil der rund 120 von ihm veröffentlichten Bücher aus Essaysammlungen aus seiner ungemein regen journalistischen Tätigkeit. Gerade die Fülle der bis zu seinem Tod im Jahr 1979 hervorgebrachten Literatur erschwert jedoch die Fixierung einzelner Aspekte seiner Lehren, die sich aufgrund der teils großen zeitlichen Abstände ihres Erscheinens und fehlender Kohärenz in manchen Punkten widersprechen. So finden sich in der 1960 erschienenen autorisierten englischen Übersetzung des 1932 auf Urdu veröffentlichten *Risāla-e dīniyāt* durch *Ḫuršīd Aḥmad* folgende verhältnismäßig moderate Interpretationen des Begriffs *ǧihād*:[217] „Jihad means struggle to the utmost of ones capacity. A man who exerts himself physically or mentally or spends his wealth in the way of Allah is indeed engaged in Jihad."[218] Diese Formulierung bewegt sich vollkommen im Rahmen der individuellen Anstrengungen um ein gottgefälliges Leben, dem so genannten großen *ǧihād*. Auch die im islamischen Recht häufig als kleiner *ǧihād* bezeichneten Formen des Krieges zur Erweiterung des muslimischen Herrschaftsbereiches oder dessen Verteidigung erscheint hier noch innerhalb eines defensiven Konzeptes: „[...] In the language of Sharia this word (Jihad) is used particularly for the war that is waged solely in the name of Allah and against those who perpetrate Oppression as enemies of Islam."[219]

Demgegenüber stehen die Aussagen des um 1930 erstmals auf Urdu erschienenen Werks *al-Ǧihād fī sabīl Allāh*, von dem sich der Au-

---

216 So gehört die unter dem harmlos anmutenden Titel „Als Muslim leben" vertriebene Übersetzung des Werks *Islām kā niẓām ḥayāt* längst auch in Deutschland zu den Bestsellern radikalislamischer Propagandaliteratur. Das preiswert zu erwerbende Buch wird unter anderem vom Cordoba-Verlag vertrieben, dem Verbindungen ins Umfeld der MB nachgesagt werden. Vgl. K. K. Wöhler-Khalfallah: Maududis „Als Muslim leben", S. 464.

217 Nach Angaben der JI wurde das Buch in 13 Sprachen übersetzt. Ḫuršīd Aḥmad ist seit 1956 Mitglied der JI und bekleidet zur Zeit die Position ihres Vize-Präsidenten. Vgl. www.jamaat.org.

218 A. A. Maudūdī: Towards Understanding Islam (Risāla-e dīniyāt, Translated and Edited by K. Ahmed, Lahore, 1960, Neuausgabe des United Kingdom Islamic Mission Dawah Center, S. 81. (www.islambasics.com).

219 Ebd.

66

tor Zeit seines Lebens nicht distanziert hat. Obwohl für die Schriften von *Maudūdī* generell gilt, dass die späteren Werke ein hohes Maß an Intoleranz und Gewaltbereitschaft aufweisen, findet sich in der frühen Essaysammlung ein eindeutig militant-islamistisches Weltbild. Die zur nachfolgenden Analyse herangezogenen Textpassagen beruhen auf der 1980 von der *International Islamic Federation of Student Organizations* (IIFSO) unter dem Titel *Jihād in Islām* herausgegebenen englischen Übersetzung des *The Holy Koran Publishing House* in Beirut.[220] Der aggressive globale Anspruch von *Maudūdī* kommt darin bereits zu Beginn des Textes in unmissverständlicher Deutlichkeit zum Vorschein: „Islam wishes to destroy all the states and governments anywhere on the face of the earth which are opposed to the ideology and programme of Islam [...] Islam requires the earth, not just a portion, but the whole planet [...] because the whole of mankind should benefit from Islam and its ideology."[221] Die Mittel zur Erlangung weltweiter Dominanz summieren sich dabei in den Anstrengungen der Muslime, sich all jene Kräfte zunutze zu machen, die der islamischen Revolution zum Erfolg verhelfen könnten: „[...] a composite term for the use of all these forces is 'Jihad'. To change the outlook of the people and initiate a mental revolution among them through speech or writing is a form of 'Jihad'. To alter the old tyrannical system and establish a just new order of life by the power of the sword is also 'Jihad' and to expand [sic] goods and excert [sic] physically for this cause is also 'Jihad'."[222]

Für diese mehrschichtige Interpretation des Begriffs, der den geistig-moralischen und den gewaltbezogenen *ǧihād* zu einem einzigen Konzept verdichtet, führt *Maudūdī* ein überaus prominentes Vorbild an: „It is the same policy which was executed by the Holy Prophet

---

220 Die 1966 gegründete Organisation engagiert sich nach Angaben des *Oxford Dictionary of Islam* vor allem bei der Übersetzung islamischer Literatur in über 80 Sprachen und setzt sich zudem für die Verbreitung von Menschenrechten ein. Der letzte Punkt kann aufgrund der unkommentierten Verbreitung dschihadistischer Propagandaliteratur jedoch in Abrede gestellt werden. Vgl. www.oxfordislamicstudies.com.
221 A. A. Maudūdī: Jihād in Islām (*al-Ǧihād fī sabīl Allāh*), S. 6.
222 Ebd., S. 7.

(peace of Allah be upon him) and his successor illustrious caliphs (may
Allah be pleased with them). Arabia [...] was the first country which
was subjugated and brought under rule of Islam. Later the Holy Prophet (peace of Allah be upon him) sent invitations to other surrounding
states to accept the faith and ideology of Islam. When the ruling
classes of those countries declined to accept this invitation to adopt the
true faith, the Prophet (peace of Allah be upon him) resolved to take
military action against them."[223]

Dabei beschreibt *Maudūdī* auch die anfängliche Skepsis der be-
siegten Völker, die *Muḥammads* Feldzüge aus seiner Sicht als imperia-
listische Politik der Araber missverstanden: „When it dawned on them
that the Muslim armies were not the champions of aggressive Nationalism [...]; that they had come with the sole object of instituting a just
system; that their real purpose was to annihilate the tyrannical classes
that had assumed divine powers [...] the moral sympathies of those
downtrodden people turned towards the party of Islam."[224]

Dennoch beschränkt sich *Maudūdī* keinesfalls auf diese eine Ziel-
gruppe, sondern unterstreicht stattdessen den egalitären Anspruch seines Glaubens: „The call of Islam is not addressed to the workers, land-
holders, peasants or industrialists; it is directed to the whole of human
race."[225] Vor dem hier propagierten, idealisierten Verständnis einer
gottgefälligen islamischen Eroberung versteht sich auch der Hinweis,
dass der *ǧihād* keinesfalls mit herkömmlichen Kriegen vergleichbar sei:
„Islam purposely rejected the word 'harb' and other Arabic words bea-
ring the same meaning of 'war' [...] Islam has no vested interest in pro-
moting the cause of this or that Nation [...] The sole interest of Islam is
the welfare of mankind."[226] Aufgrund seiner gottgefälligen Konnotati-
on und in scharfer Abgrenzung von aus weltlichen Beweggründen geführten Kriegen lehnt *Maudūdī* die unter anderen islamistischen Vordenkern gebräuchliche Unterscheidung zwischen einem defensiven

---

223 Ebd., S. 24.
224 Ebd.
225 A. A. Maudūdī: Jihād in Islām (*al-Ǧihād fī sabīl Allāh*), S. 11.
226 A. A. Maudūdī: Jihād in Islām (*al-Ǧihād fī sabīl Allāh*), S. 5.

und offensiven militärischen *ǧihād* ebenfalls ab: „These terms are relevant only in the context of war between nations and countries, for technically the terms 'attack' and 'defence' can only be used in reference to a country or nation. But when an international party rises with a universal faith and ideology and invites all people as human beings to embrace this faith [...] and strives only to dismantle the rule of an opposing ideology [...] the use of technical terms like 'offence' and 'defence' is not germane. Islamic Jihad is both offensive and defensive at one and the same time."[227]

Auch in diesem Punkt könnte *Maudūdī* ohne Weiteres als ideologische Stütze *b. Lādins* gedient haben, dessen Aufruf zu einem in vielen Ländern gleichzeitig geführten *ǧihād* in der Lage war, die innerhalb von *al-Qāʿida* existierenden strategischen Differenzen zu überbrücken.[228] Gerade in diesem weit gefassten dschihadistischen Interpretationsrahmen liegt die eigentliche Kraft der Lehren von *Maudūdī*. So gelang es ihm nicht nur, islamistischen Reformern und militanten Extremisten in Ägypten und Pakistan, Angehörigen des saudischen Königshauses und iranischen Revolutionären, internationalen Freiwilligen und afghanischen Mudschahedingruppen als Inspirationsquelle zu dienen, sondern diesen ungleichen Akteuren trotz aller Unterschiede oft genug eine gemeinsame ideologische Heimat zu geben. Schenkt man seiner Erklärung „Truth cannot be confined within geographical borders" Glauben, dürfte er von diesem Erfolg keinesfalls überrascht gewesen sein.[229] Inwiefern dieser Ausspruch auch für die militante Ausbreitung seiner Ideologie gilt, soll die Analyse der dschihadistischen Praxis der HM im folgenden Abschnitt aufzeigen.

6.4 *Ǧihād* im Angesicht des Feindes: Der Kampf der *Ḥizb ul-Muǧāhidīn*

Bereits ein Jahr nach ihrer Gründung im September 1989 stellte die *Ḥizb ul-Muǧāhidīn* mit bis zu 10 000 Kämpfern die größte in der Kasch-

---

227 Ebd., S. 25-26.
228 G. Steinberg: Der nahe und der ferne Feind, S. 47.
229 A. A. Maudūdī: Jihad in Islām (*al-Ǧihād fī sabīl Allāh*), S. 22.

mirregion aktive anti-indische Bewegung.[230] Trotz ihrer Heterogenität als Zusammenschluss kleinerer dschihadistischer Fraktionen fiel die Gruppe in der ersten Hälfte der neunziger Jahre vor allem durch ein hohes Maß an Disziplin auf.[231] Auch ihre dreigliedrige Organisationsstruktur mit klar abgegrenzten Zuständigkeiten in Pakistan, dem von Islamabad verwalteten Kaschmir und der indisch kontrollierten Zone führte vorerst zu keiner erkennbaren Schwächung. Dies lässt sich im Wesentlichen auf zwei Faktoren zurückführen: Erstens unterstand die HM der direkten Kontrolle der JI, die ihren militanten Ableger sowohl finanziell als auch durch die Rekrutierung neuer Kämpfer unterstützte.[232] Dabei profitierte die HM auch von einem Strategiewechsel innerhalb des ISI, der die Förderung nationalistischer Widerstandsbewegungen in Kaschmir nach dem Ende des sowjetisch-afghanischen Krieges zugunsten dschihadistischer Bewegungen einstellte. So bildete die HM nicht nur ein religiöses Gegengewicht zur säkularen *Jammu and Kashmir Liberation Front* (JKLF), sondern kämpfte im Gegensatz zu der nach vollständiger Unabhängigkeit strebenden Gruppe unter anderem für eine Angliederung Kaschmirs an Pakistan.[233]

Zweitens sehen zahlreiche Beobachter den Grund für die lange Zeit hohe Schlagkraft der HM in ihrer überwiegend homogenen ethnischen Zusammensetzung. Im Kern bestanden sowohl ihr Führungspersonal als auch ihre einfachen Soldaten aus indigenen Kämpfern, was einen deutlichen Unterschied gegenüber der Masse der in der Region

---

230 Dabei sind die gegenwärtigen Angaben über die tatsächliche Stärke der HM äußerst widersprüchlich und erstrecken sich für das Jahr 2001 von bis zu 1000 Kämpfern (US State Department) bis zu einem Kern von 2500 aktiven Mitgliedern und 13 000 Reservisten (eigene Angaben der HM). Vgl. N. Howenstein: The Jihadi Terrain in Pakistan, S. 15.

231 Darunter die Gruppen *al-Badr, al-Ḥamza, Teḥrik-e Ǧihād-e Islāmī,* das *Maudūdī-Squad,* die *Anṣār ul-Islām* sowie die *Żiyā-* und *Allāh Tigers.* Vgl. N. Howenstein: The Jihadi Terrain in Pakistan, S. 16.

232 Ebd.

233 In diesem Punkt tendierte ein nicht unerheblicher Teil der HM ebenfalls zur Errichtung eines weitgehend autonomen islamischen Staats in Kaschmir. Vgl. Hizb-ul-Mijahideen, in: Jane's World Insurgency and Terrorism, 17. September 2008, (www.janes.com).

70

aktiven Dschihadisten darstellte. Dabei verfolgte die Gruppe in ihrem Einflussbereich eine strikte Islamisierungspolitik, die neben dem Verbot von Werbetafeln, Schnapsläden, Kinos, Unterhaltungsfernsehen und Schönheitssalons auch die Ermordung von moderaten Politikern und Geistlichen umfasste.[234] Der eigentliche Schwerpunkt der HM lag jedoch auf der direkten Bekämpfung indischer Truppenverbände im IAK. Auch in diesem Fall profitierte sie von einer an die JI angelehnten strengen Hierarchie und ihren engen Verbindungen zur pakistanischen Armee. So pendelte der vor allem unter seinem nom de guerre *Saiyid Ṣalāḥuddīn* bekannte Oberkommandierende der HM, *Moḥammed Yūsuf Šāh,* regelmäßig zwischen seinem Hauptquartier im von Pakistan kontrollierten Teil Kaschmirs bei Muzaffarabad und dem Oberkommando der pakistanischen Streitkräfte in Rawalpindi.[235] Des Weiteren oblag die Führung der HM einem 20-köpfigen Gremium und einer aus fünf Mitgliedern bestehenden *šūrā* (Rat), welche die in fünf Regionalkommandos unterteilten Distrikte überwachte. In jedem dieser Gebiete verfügte die HM über drei bis vier Bataillone, die sich wiederum in nach Kampfgefährten des Propheten *Muḥammad* benannte Kompanien und Züge unterteilten.[236]

Das Spektrum ihrer Aktivitäten reichte von Sprengstoffanschlägen und klassischen Guerillaoperationen bis zur gewaltsamen Befreiung von Gefangenen und gezielten Tötungen hochrangiger indischer Offiziere und Politiker. Generell versuchte die HM dabei Kollateralschäden weitestgehend zu vermeiden. Auch ihr auf die Kaschmirregion beschränktes Operationsgebiet weist sie als primär lokal agierende Gruppe aus, wobei ihr jedoch auch Operationen auf indischem Staatsgebiet nachgesagt werden. So gilt sie als mutmaßlicher Drahtzieher hinter den Anschlägen auf das indische Verteidigungsministerium und das Hauptquartier der Streitkräfte sowie ein Büro des indischen Geheimdienstes *Research and Analysis Wing* (RAW) in Neu-Delhi.[237] Dabei er-

---

234 Hizb-ul-Mijahideen, in: Jane's World Insurgency and Terrorism, (www.janes.com).

235 A. Mir: Talibanisation of Pakistan, S. 170.

236 N. Howenstein: The Jihadi Terrain in Pakistan, S. 15.

237 M. A. Rana: A-Z of Jehadi Operations in Pakistan, Lahore, 2009, S. 441.

möglichten die guten Kontakte der JI zu *Gulbuddīn Ḥekmatyār* unter anderem die Ausbildung von HM-Kämpfern in dessen afghanischen Trainingscamps, bis diese von den *Ṭālibān* übernommen wurden.[238] Trotz der Verbindungen zur *Ḥizb-e Islāmī Gulbuddīn* (HIG) und Spekulationen über die Kooperation mit der *Laškar-e Ṭaiba* ab 1997 konnte die HM einer internationalen Ächtung lange Zeit entgehen.[239] Erst nachdem die Gruppe den Erwerb von schultergestützten Flugabwehrraketen bekannt gab, setzte sie das US-State Department im Mai 2003 auf seine Liste ausländischer Terrororganisationen.[240] Zu diesem Zeitpunkt galt das Verhältnis zwischen Islamabad und der HM bereits seit Längerem als schwer belastet. So hatte *Ṣalāḥuddīn* erstmals im November 1997 versucht, sich von der JI loszulösen, der er vorwarf, zu sehr an ihrer politischen Rolle interessiert zu sein und den *ǧihād* in Kaschmir zu vernachlässigen.[241] Seinem Anspruch, fortan als Alleinvertreter der dort ansässigen Muslime den bewaffneten Kampf fortführen zu wollen, folgten heftige Auseinandersetzungen innerhalb der HM.

Eine weitere entscheidende Zäsur war die diplomatische Initiative seines Feldkommandeurs *ʿAbdulmaǧīd Dār*, der Indien im Jahr 2000 ohne Abstimmung mit Islamabad einen Dialog und eine bedingte Waffenruhe anbot. Obwohl *Ṣalāḥuddīn* die Initiative zunächst begrüßte, zog er seine Unterstützung schließlich zurück.[242] Kurz nachdem *Dār* die Gründung einer eigenen Partei bekannt gab, wurde er im März 2003 in der Kleinstadt Sopore von zwei Unbekannten erschossen.[243] Dennoch begann nun auch *Ṣalāḥuddīn*, der seinen großen Einfluss innerhalb der HM verteidigen konnte, mit der schrittweisen Umformung der dschihadistischen HM in eine politische Organisation. Dieses Mal aber stimmte er den Strategiewechsel mit den Entscheidungsträgern der JI ab, die eine Abschwächung des *ǧihād* aufgrund der veränderten

---

238 A. Mir: Talibanisation of Pakistan, S. 169, vgl. N. Howenstein: The Jihadi Terrain in Pakistan, S. 14.
239 H. Haqqani: The Ideologies of South Asian Jihadi Groups, S. 18.
240 A. Mir: Talibanisation of Pakistan, S. 171.
241 Ebd., S. 174.
242 Ebd., S. 175.
243 N. Howenstein: The Jihadi Terrain in Pakistan, S. 16.

geopolitischen Lage nach dem 11. September 2001 ebenso befürworteten wie das um eine Annäherung an Neu-Delhi bemühte Militärregime unter *Mušarraf.*[244] Dementsprechend gab sich *Ṣalāḥuddīn* trotz der Fortsetzung der Kämpfe weiterhin kompromissbereit und forderte Indien im Jahr 2006 in aller Öffentlichkeit zu einem parallelen Dialog auf. Dabei skizzierte er gegenüber dem in Srinagar ansässigen *Kashmir News Service* folgende Bedingungen für einen Waffenstillstand: Erstens eine Reduzierung der indischen Truppen-Kontingente bis auf die Stärke vor den Unruhen von 1989 und die Freilassung aller Gefangenen, zweitens das Ende sämtlicher militärischer Operationen und drittens die Anerkennung der Bevölkerung Kaschmirs als gleichberechtigte Verhandlungspartei bei den Gesprächen zwischen Indien und Pakistan.[245] Am 1. April 2008 wiederholte er das Angebot auf einer Pressekonferenz in Karatschi: „The armed struggle, which the people of Jammu and Kashmir initiated in 1989, is not a terrorist movement. Instead it is a recognized movement for freedom and for the right of self-determination for the Kashmiri people. We are peaceful people and want a political solution for the problem."[246]

Ob die vorgebliche Abkehr vom bewaffneten Kampf tatsächlich einer ideologischen Neuorientierung entsprang, darf jedoch bezweifelt werden.[247] Tatsächlich litt die einst schlagkräftigste dschihadistische Organisation Kaschmirs unter massiven Rekrutierungsproblemen, die durch die Ende der Neunzigerjahre ausufernden internen Fehden und teils schwere militärische Niederlagen ab 2007 weiter gefördert wurden. Vor allem die Gründergeneration der HM hatte sich in den fast zwei Jahrzehnte währenden Kämpfen nahezu vollständig aufgerieben. Zeitgleich gewannen auch in Pakistan jene Stimmen an Gewicht, die

---

244 A. Mir: Talibanisation of Pakistan, S. 177.

245 A. Mir: Talibanisation of Pakistan, S. 177.

246 Ebd.

247 So erklärte der HM-Führer knapp fünf Monate später auf einer Veranstaltung in Muzaffarabad: „Let it be clear to the whole world that unless every single inch of Kashmir is liberated from the Indian yoke, our struggle will continue with full force". Hizb-ul-Mujahideen, in: Jane's World Insurgency and Terrorism, (www.janes.com).

eine rein militärische Lösung des Kaschmir-Konflikts für aussichtslos hielten und mit der Unterstützung militanter Bewegungen vor allem unkalkulierbare innen- und außenpolitische Risiken verbanden.[248] Ab 2003 kam es daher wiederholt zu vertrauensbildenden Maßnahmen zwischen Islamabad und Neu-Delhi, die neben dem Austausch von Delegationen auch die Wiederaufnahme von Flug- und Busverbindungen umfassten.[249]

Im November 2008 führten die im indischen Mumbai verübten Anschläge abermals zu wachsendem internationalen Druck auf Pakistan, gegen radikalislamische Kräfte auf seinem Territorium vorzugehen. Obwohl der HM keine direkte Beteiligung an dem Angriff vorgeworfen wurde, entwaffnete der ISI daraufhin Einheiten der Organisation in den Trainingscamps Tarbela und Haripur bei Muzaffarabad.[250] Letztlich überwiegt der Eindruck, dass *Salāḥuddīn* aus einer Position der Schwäche heraus auf eine engere Bindung an Pakistan und die JI zurückschwenkte und auf die Fortsetzug des *ǧihād* in Kaschmir verzichtet hat, um die politischen Überlebenschancen der HM zu erhöhen.[251] Dabei begegnete ihr nach wie vor einflussreichster Führer dem Machtverlust der einst gefürchteten Organisation nicht ohne einen Anflug von Sarkasmus. So hatte er bereits im Juni 2008 in einem Interview erklärt: „Perhaps we should start calling ourselves the Hizbul Muhajireen [Partei der Flüchtlinge]."[252] Dass dieses verbitterte Statement keinesfalls eine verbale Entgleisung darstellt, sondern die Suche nach einer politischen Lösung tatsächlich der offiziell kommunizierten Strategie der HM entspricht, unterstreicht auch die mehrsprachige Internetpräsenz der Gruppe. Diese verweist unter anderem auf die Legitimation der Bewegung durch verschiedene Resolutionen der Vereinten Nationen – angesichts der von *Maudūdī* angestrebten *ḥākimīya* ein überraschendes Zugeständnis, das im Hinblick auf das Wetteifern anderer in der

---

248 I. Talbot: Pakistan: A Modern History, S. 411.

249 J. Scholz: Der Pakistan-Komplex, S. 168.

250 A. Mir: Talibanisation of Pakistan, S. 178.

251 N. Howenstein: The Jihadi Terrain in Pakistan, S. 17.

252 Urdu: مهاجر „Flüchtling". Siehe P. Swami: ‘Party of exiles' eyes the coming Kashmir polls, in: The Hindu, 30.05.2008, (www.thehindu.com).

Region ansässiger Dschihadisten um die radikalsten Positionen umso bemerkenswerter ist.

6.5 Resümee

Trotz der Ablehnung entsprechender Termini durch *Maudūdī* lässt sich die HM aus einer historischen Perspektive heraus recht eindeutig als Vertreterin eines regional begrenzten, defensiven *ǧihād* klassifizieren. Ihre Zielsetzung ähnelt dabei in vielen Punkten den afghanischen *muǧāhidīn*, die sich ebenfalls auf die Bekämpfung unislamischer Besatzer und vermeintlicher oder tatsächlicher Kollaborateure auf eigenem Boden beschränkten. Tatsächlich sind diese Übereinstimmungen im Falle der *Ǧamʿīyat-e Islāmī Afǧānestān* von *Burhānuddīn Rabbānī* und der *Ḥizb-e Islāmī Gulbuddīn* von *Ḥekmatyār* keinesfalls oberflächlicher Natur, da sich bei beiden eine auf den geistig-konzeptionellen Grundlagen von *Maudūdī* beruhende Ideologie widerspiegelt.

Eine weitere Parallele zeigt sich in der starken Abhängigkeit von Islamabad, wobei sämtliche Versuche von *Ṣalāḥuddīn*, eine selbstständige Politik zu verfolgen, bislang als gescheitert gelten können. Dabei bedienten sich die pakistanischen Behörden abermals der bewährten Hilfe der JI, die ihren Nutzen bei der Steuerung radikalislamischer Kämpfer schon während des sowjetisch-afghanischen Krieges unter Beweis gestellt hatte. So unterstützte die Partei einerseits die Radikalisierung der Gruppe zu Beginn der Neunzigerjahre, trug nach 2001 jedoch auch zu deren Anpassung an die neuen politischen Rahmenbedingungen bei. Auch wenn die HM die Wahlen zur Regionalversammlung in Kaschmir bislang boykottiert hat, so ist die öffentliche Kursänderung entgegen ihrer militärischen Prägung durchaus bemerkenswert.

Rein ideologisch betrachtet bewegt sie sich jedoch vollkommen im Rahmen des von *Maudūdī* vertretenen *ǧihād*-Konzepts und erscheint vor diesem Hintergrund bereits weniger spektakulär. In *al-Ǧihād fī sabīl Allāh* kritisierte ihr geistiger Mentor zwar die apologetische Haltung derjenigen Muslime, die sich Fremden gegenüber allein zum geistig-moralischen *ğihād* bekennen, rechtfertigte dieses Vorgehen jedoch zugleich als einen Teil politischer Taktik.[253]

Für das hier offenbarte hohe Maß an moralischer Flexibilität ließen sich zahlreiche weitere Beispiele anführen, wobei die Zusammenarbeit der JI mit dem Militärregime von *Żiyāʾ ul-Ḥaq* angesichts *Maudūdīs* Anspruchs, die Menschheit von sämtlicher Despotie befreien zu wollen, sicherlich einen aussagekräftigen Höhepunkt findet. Entsprechend schwer fällt es, anhand ideologischer Leitlinien verlässliche Prognosen über das transnationale Potenzial ihres militanten Ablegers herauszuarbeiten. Bisher jedenfalls entspricht die HM dem Archetyp einer Guerillatruppe tellurischen Charakters, deren Bekämpfung vorwiegend militärischer Ziele innerhalb Kaschmirs eine Abgrenzung zu global agierenden Terrornetzwerken wie *al-Qāʿida* absolut gerechtfertigt erscheinen lässt.

---

253 „[...] We started apologies in this manner - Sir, what do we know of war and slaughter [...] Now Jihad only refers to waging war with tongue and pen", Vgl. A. A. Maudūdī: Jihād in Islām (*al-Ğihād fī sabīl Allāh*), S. 3.

7 *Laškar-e Ṭaiba*: Eine religiöse Sekte als globaler Akteur

7.1 Die *Ahl-e Ḥadīṯ*: Zur Genese eines Fremdkörpers

Erste Anhaltspunkte für die systematische Verbreitung wahhabitischer Lehren in Südasien finden sich bereits in den Zwanzigerjahren des 19. Jahrhunderts. Eine besondere Rolle nahm dabei der aus dem nordindischen Bareli stammende Rechtsgelehrte *Saiyid Aḥmed Šahīd* ein, der gleichsam als einer der ältesten indigenen Protagonisten der neuen Denkschule gilt. Vermutlich kam er erstmals während einer rund eineinhalb Jahre dauernden Pilgerreise durch den Hedschas mit den dort praktizierten fundamentalistischen Glaubensvorstellungen in Berührung.[254] Nach seiner Rückkehr um 1823 verkündete er den extrem verengten Monotheismus von ʿ*Abdalwahhāb* auch in seiner Heimat, wobei er volkstümliche religiöse Praktiken wie Gräberkulte und das Feiern von Heiligentagen als mit *Qurʾān* und *aḥādīṯ* unvereinbare *bidʿa* tadelte.[255] Auch die Riten des Sufismus verdammte er als unislamischen Aberglauben, der in direktem Widerspruch zum Bekenntnis der Einheit Gottes (*tauḥīd*) steht.[256]

Angesichts der zwangsläufigen Konfrontation mit althergebrachten Traditionen stieß der Ideologieimport von *Saiyid Aḥmed* innerhalb der Bevölkerung auf breite Ablehnung.[257] Dass die ursprünglich hanbalitische Bewegung sich später von sämtlichen der vier anerkannten sunnitischen Rechtsschulen distanzierte, erschwerte die Missionierung zusätzlich – unabhängig davon, dass die meisten indischen Religionsgelehrten mit den Lehren von *Abū Ḥanīfa* einer eher gemäßigten Aus-

---

254 H. Haqqani: The Ideologies of South Asian Jihadi Groups, S. 13.

255 Arabisch: بدعة „Neuerung". Im religiösen Kontext bezeichnet der Begriff die ketzerische Verfälschung der Gebote Gottes.

256 N. Howenstein: The Jihadi Terrain in Pakistan, S. 17.

257 H. Haqqani: The Ideologies of South Asian Jihadi Groups, S. 23.

legung islamischen Rechts anhingen.[258] Folglich blieb den Wahhabiten eine zahlreiche Anhängerschaft verwehrt. Dennoch gelang es *Saiyid Ahmed*, eine von großem Eifer beflissene Gruppe von Begleitern um sich zu scharen, deren elitäres Selbstverständnis nicht nur in der äußerlichen Abgrenzung von ihren Glaubensbrüdern in Kleidung und Barttracht zum Ausdruck kam, sondern auch durch veränderte Formen des Gebets.[259] Gleichzeitig versuchten sie sich von der arabischen *wahhābīya* zu distanzieren und bezeichneten sich selbst als *Ahl-e Hadīt*.[260]

Obwohl sich die politischen Wurzeln der Bewegung bis zur Gründung der *Ǧamʿīyat Ahl-e Hadīt* (JAH) in der indischen Stadt Bihar im Jahr 1906 zurückverfolgen lassen, spielte diese auch nach dem Ende der britischen Kolonialherrschaft eine allenfalls marginale Rolle.[261] Auch im Kontext des sowjetisch-afghanischen Krieges fanden die Aktivitäten der radikalen Sekte kaum Beachtung, was unter anderem dem Umstand geschuldet sein mag, dass ihre verschiedenen Gemeinden zusammengenommen nur rund fünf Prozent der in Pakistan lebenden Muslime umfassen.[262] Dass sie innerhalb der pakistanischen Gesellschaft schließlich doch einen hohen Bekanntheitsgrad erreichte, lag vor allem an dem Wirken des Rechtsgelehrten *Hāfiz Mohammed Saʿīd*, dessen strenggläubige Familie 1947 aus der nordindischen Stadt Shimla in die Provinz Punjab geflohen war. Trotz des Verlustes zahlreicher Verwandter und sämtlicher Besitztümer während der Vertreibung hat-

---

258 Während die Anhänger von *Abū Hanīfa* (gest. 767 n. Chr.) vor allem in den Kernländern des ehemaligen Osmanischen Reichs wie der Türkei, Syrien, Irak und Ägypten anzutreffen sind, dominieren die nach *Mālik b. Anas* (gest. 795 n. Chr.) benannten Malikiten in Nordafrika. Die Schafiiten (nach *aš-Šāfiʿī*, gest. 820 n. Chr.) finden sich vor allem im Jemen, am Horn von Afrika und Südostasien, die Hanbaliten (nach *Ahmad b. Hanbal*, gest. 855 n. Chr.) in Saudi-Arabien und den Golfstaaten. Vgl. R. Elger (Hrsg.): Kleines Islam Lexikon, S. 207.

259 S. Tankel: Lashkar-e-Taiba, From 9/11 to Mumbai, in: Developments in Radicalisation and Political Violence, April/Mai 2009, S.6, (www.icsr.info).

260 Urdu: اهل حديث „Anhänger der Prophetentradition".

261 K. Ahmed: The Power of the Ahle Hadith, in: The Friday Times, 12.07.2002, (www.the fridaytimes.com).

262 O. Roy: The Failure of Political Islam, translated by C. Volk, Harvard University Press, 1994, S. 118.

ten es die Eltern *Moḥammeds* bei seiner Geburt im Jahr 1950 bereits wieder zu bescheidenem Wohlstand gebracht.[263] Wie auch bei seinen sieben Geschwistern kümmerte sich besonders die Mutter frühzeitig um die religiöse Erziehung ihres Sohnes, dem es schon in jungen Jahren gelungen sein soll, den gesamten Koran frei zu rezitieren.[264] Während seines späteren Studiums an der *Punjab University* in Lahore, schloss er sich *Maudūdī*s IJT an, in der er zu Beginn der Siebzigerjahre bis zum lokalen *nāẓim-e aʿlā* der Studentenbewegung aufstieg.[265] Nach seinem Abschluss nahm er in Islamabad eine Stelle im staatlichen *Council of Islamic Ideology* (CII) an, dessen Kernaufgabe die Beratung von Regierungsorganen in Fragen islamischer Jurisprudenz ist.[266]

Einige Jahre später kehrte er nach Lahore zurück, um als Professor für islamische Religionslehre an der *University of Engineering and Technology* (UET) zu unterrichten. Die vielleicht bedeutendste Station seiner akademischen Laufbahn führte *Ḥāfiẓ Saʿīd* 1982 ins arabische Ausland, wo er ein zweijähriges Stipendium an der *King Saud University* in Riad absolvierte.[267] Nach seiner Heimkehr nahm er die Tätigkeit an der UET wieder auf. Zudem gründete er gemeinsam mit dem an der *International University of Islam* in Islamabad lehrenden späteren Mentor von *b. Lādin*, *ʿAbdullāh Yūsuf ʿazzām*, und seinem Universitätskollegen *Ẓafar Iqbāl* ein kleines salafistisches Netzwerk, das unter anderem Vorlesungen zu religiösen Themen organisierte.[268]

Dem Krieg in Afghanistan hingegen blieb *Ḥāfiẓ Saʿīd* lange Zeit fern. Erst gegen Ende der Achtzigerjahre schloss er sich einer im Kunar-Tal operierenden *Ahl-e Ḥadīṯ*-Einheit unter der Führung des 1960 im

---

263 A. Mir: Talibanisation of Pakistan, S. 78.

264 S. Shafqat: From official Islam to Islamism: The Rise of Dawat-ul-Irshad and Lashkar-e-Taiba, in: C. Jaffrelot: Nationalism without a Nation? London/New Delhi, 2002, S. 142.

265 Urdu: اعلى ناظم „Cheforganisator". Dieser Titel bezeichnet zugleich den Präsidenten der IJT.

266 Functions (As per Article 230 of the Constitution), in: Council of Islamic Ideology, 2005, (www.cii.gov.pk).

267 A. Mir: Talibanisation of Pakistan, S. 55.

268 Lashkar-e-Tayyiba, in: Jane's World Insurgency and Terrorism, 17.10.2010, (www.janes.com).

Punjab geborenen Kommandeurs *Zakīurreḥman Lakhwi* an.[269] Als Schwager des wohlhabenden Saudis *'Abdurraḥmān Sarīḥi*, einem engen Vertrauten von *b. Lādin*, verfügte *Lakhwi* nicht nur über erstklassige Beziehungen zu *al-Qā'ida*, sondern auch über eine entsprechend nachhaltige finanzielle Unterstützung.[270] Während *Lakhwi* sich primär um die Auswahl, Indoktrination und Ausbildung junger Rekruten kümmerte, gab der zum *amīr* der Gruppe gewählte *Ḥāfiẓ Sa'īd* seinen Posten an der UET 1988 auf und ging in den vorzeitigen Ruhestand, um sich gänzlich dem Aufbau des *Markaz Da'wat ul-Iršād* (MDI) als Kernorganisation der noch jungen Bewegung widmen zu können.[271]

Obwohl bis heute strittig ist, wann genau das Zentrum seine Arbeit aufnahm, hatte es sich bereits zu Beginn der Neunzigerjahre dauerhaft in Pakistan etabliert – trotz wiederholter Versuche der *Ǧam'īyat Ahl-e Ḥadīṯ*, das Abwerben von Studenten aus ihren *madāris* zu unterbinden und die Konkurrenzpartei von finanziellen Zuwendungen der saudischen Regierung abzuschneiden.[272] So erhielt *Ḥāfiẓ Sa'īd* nicht nur weiterhin private Spenden durch reiche Ausländer oder wohlhabende Pakistanis. Auch gelang es seiner Organisation durch die direkte Anwerbung von Mitgliedern aus der städtischen Unterschicht, eine von den größeren radikalislamischen Bewegungen vernachlässigte Nische zu besetzen. Besonders starken Zulauf erhielt sie von ehemaligen pakistanischen Gastarbeitern aus den Golfstaaten und Saudi-Arabien.[273]

Als vielleicht wichtigster Schritt kann jedoch der Entschluss gelten, dem straff organisierten MDI einen ebenso disziplinierten paramilitärischen Verband zur Seite zu stellen. Da sich die Operationen der unter dem Namen *Laškar-e Ṭaiba* auftretenden Kämpfer vor allem auf das IAK beschränkten, erlangten die Anhänger von *Ḥāfiẓ Sa'īd* ent-

---

269 A. Mir: Talibanisation of Pakistan, S. 79.
270 S. S. Shazad: Pakistan Groups banned but not bowed, in: Asia Times, 18.12.2008, (www.atimes.com).
271 A. Mir: Talibanisation of Pakistan, S. 79.
272 A. Riaz: Faithful Education: Madrassahs in South Asia, Piscataway, 2008, S. 112.
273 H. Haqqani: The Ideologies of South Asian Jihadi Groups, S. 24.

80

sprechend rasch die wohlwollende Aufmerksamkeit der pakistanischen Armee.[274]

7.2 *Ḥāfiẓ Saʿīd:*
Predigt und Kampf als Schlüssel zum Gottesstaat

Wie schon im Fall des MDI lässt sich auch das Gründungsdatum ihres in der afghanischen Provinz Kunar aufgestellten bewaffneten Flügels aufgrund höchst widersprüchlicher Angaben in der Forschungsliteratur nicht exakt bestimmen.[275] Es ist davon auszugehen, dass die Entstehung beider Organisationen gegen Ende des sowjetisch-afghanischen Krieges in relativer zeitlicher Nähe zueinander erfolgte, vermutlich in einem Abstand von rund einem Jahr.[276] Die unter der Ägide von *Ḥāfiẓ Saʿīd* entstandene enge Verflechtung von Missionierung und Kampf erwies sich dabei als äußerst geschickter Schachzug. So profitierte die Kernorganisation gleich in mehrfacher Hinsicht vom militärischen *ǧihād* in Kaschmir, welcher der LeT aufgrund ihrer miserablen Ausrüstung hohe staatliche Zuwendungen einbrachte, die schließlich auch in die Infrastruktur des MDI flossen.[277] Auch in diesem Fall begründete die starke Abhängigkeit ein besonderes Loyalitätsverhältnis zwischen den Islamisten und ihren Unterstützern innerhalb des Militär- und Geheimdienstapparates, wobei die Anhänger von *Ḥāfiẓ Saʿīd* ihrem Ruf als Musterschüler eines kontrollierbaren, „guten Dschihad" lange Zeit durchaus gerecht wurden.

Tatsächlich war der ISI in der Lage, die Intensität der LeT-Operationen in Kaschmir wie bei kaum einer anderen dschihadistischen Bewegung an die außenpolitischen Rahmenbedingungen anzupassen.[278] Unterdessen baute auch das MDI seinen Einfluss in der pakistanischen Gesellschaft weiter aus und errichtete ein umfangreiches Netzwerk aus

---

274 A. Mir: Talibanisation of Pakistan, S. 80.

275 A. Mir nennt 1986, S. Shafqat 1987 und P. Swami 1990 als Gründungsjahr der Organisation. Vgl. N. Howenstein: The Jihadi Terrain in Pakistan, S. 18.

276 W. John: Lashkar-e-Tayyeba, in: Pakistan Security Research Unit (PSRU), Brief Number 12, 21.05.2007, S. 4.

277 S. Tankel: Lashkar-e-Taiba, S. 7.

278 M. A. Rana: A to Z of Jehadi Organisations in Pakistan, S. 58.

sozialen Einrichtungen, die im Jahr 2008 acht *madāris*, 20 islamische Stiftungen und 140 Sekundarschulen umfassten.[279] Im Zentrum der systematischen Missionierung stand dabei das festungsartige Hauptquartier der Organisation bei Muridke, in direkter Nähe zur Millionenstadt Lahore. Auf dem von äußerer Versorgung weitgehend unabhängigen, rund 160 000 Hektar großen Gelände hatte *Ḥāfiẓ Saʿīd* mit Duldung lokaler Behörden bereits ein Abbild des von ihm angestrebten islamischen Staates im Kleinformat ausgerufen, in dem sowohl Musik als auch Fernsehen, Alkohol- und Tabakgenuss streng verboten waren.[280]

Ebenso wie *Maudūdī* propagierte er bei der Ausbreitung seiner Lehren einen Ansatz, bei dem *daʿwa* und bewaffneter *ǧihād* als gleichwertige Elemente zu einem einzigen globalen Konzept verschmelzen sollten: „Both are equally important and inseperable [...] the need is to fuse the two together. This is the only way to bring about change among individuals, society and the world."[281] Im Gegensatz zu ultra-orthodoxen Dschihadisten wie den afghanischen *Ṭālibān* begrüßte das MDI dabei jedoch fortschrittliche Unterrichtsmethoden und moderne Fächerkombinationen, die ebenso Bestandteil der Lehrpläne waren wie die traditionelle islamische Bildung.[282] Gleichzeitig sprach sich *Ḥāfiẓ Saʿīd* aber vehement gegen demokratische Konzepte aus und vertrat die klassisch islamistische Prämisse, die den negativen Einfluss des Westens als Wurzel allen Übels in der islamischen Welt versteht. So verkündete er in einem Interview in der pakistanischen Zeitschrift *Weekly Outlook*: „I reject democracy. The notion of the sovereignty of the people is anti-Islamic. Only Allah is sovereign."[283]

Die von ihm geforderte Errichtung eines auf islamischen Prinzipien basierenden Kalifats scheint sich zunächst zwar kaum von den Lösungsansätzen anderer Islamisten zu unterscheiden. Im Gegensatz zu den größeren fundamentalistischen Bewegungen wie der JI oder der JUI lehnte er eine Veränderung der Verhältnisse durch eine politische

---

279 A. Mir: Talibanisation of Pakistan, S. 64.
280 N. Howenstein: The Jihadi Terrain in Pakistan, S. 20.
281 Siehe S. Shafqat: From official Islam to Islamism, S. 143.
282 N. Howenstein: The Jihadi Terrain in Pakistan, S. 18.
283 Siehe A. Mir: Talibanisation of Pakistan, S. 82.

Beteiligung innerhalb des verhassten Systems jedoch kategorisch ab: „Many of our brothers feel that they can establish an Islamic society by working within the system. They are mistaken. It is not possible to work within a democracy and establish an Islamic system. You just dirty your hands by dealing with it."[284] Vor diesem Hintergrund konzentrierte sich das MDI fast ausschließlich auf die Islamisierung der pakistanischen Gesellschaft durch Mission und Predigt, während die LeT überwiegend im IAK operierte. Da die Mehrheit der Pakistanis den dortigen Kampf als legitime Reaktion auf die indische Präsenz befürwortete, konnte *Ḥāfiẓ Saʿīd* zumindest in diesem Punkt auf einen starken Rückhalt in der Bevölkerung bauen.[285]

Obwohl sich Drohungen, den *ǧihād* über Südasien hinauszutragen, bis ins Jahr 1998 zurückverfolgen lassen, folgte der Ankündigung des aus dem Umfeld von *Ẕakīurreḥman Lakhwi* stammenden LeT-Feldkommandeurs *Dilšad Aḥmad* vorerst keine strategische Neuausrichtung der Gruppe.[286] So hielten die Dschihadisten auch ein Jahrzehnt nach Beginn des Kaschmiraufstandes von 1989 am regional begrenzten Kampf fest und versuchten jede Assoziation mit transnationalen Terroristen zu vermeiden. Auch innerhalb des Militär- und Geheimdienstapparats profitierten die Anhänger von *Ḥāfiẓ Saʿīd* weiterhin von ihrem Ruf tadelloser Loyalität. Selbst nach dem Verbot der Gruppe in Großbritannien im Februar 2001 wegen „eindeutiger Beteiligung an terroristischen Aktivitäten" blieb die LeT in ihrer Heimat vollkommen unbehelligt.[287]

Nachdem das internationale Verständnis für die feinsinnige Differenzierung zwischen guten und schlechten Dschihadisten mit dem 11. September 2001 schlagartig endete, blieb die öffentlich vollzogene Abkehr vom militanten Islamismus für *Perwêz Mušarraf* ohne Alternative. Im Falle der LeT erwies sich der angekündigte Kurswechsel des Regimes allerdings ebenso als folgenlos wie die Ächtung der Gruppe als in-

---

284 Ebd.

285 S. Tankel: Lashkar-e-Taiba, S. 4.

286 E. Blanche: Lashkar-e taiba spreads its tentacles, in: Jane's Terrorism and Security Monitor, 1. September 2004, S. 8.

287 J. Straw, in: House of Commons Hansard Written Answers for 16 Jan 2002, (www.publications.parliament.uk).

ternationale Terrororganisation durch die USA am 5. Dezember 2001. Erst nach dem Anschlag mutmaßlicher LeT- und JeM-Mitglieder auf das indische Parlament in Delhi am 13. Dezember 2001, führte der drohende Krieg mit dem östlichen Nachbarn schließlich zum Verbot einer ganzen Reihe dschihadistischer Gruppierungen – darunter auch der bewaffnete Flügel des MDI.[288] Besonders aufschlussreich sind in diesem Zusammenhang die Aktivitäten von *Ḥāfiẓ Saʿīd* selbst, der nur sieben Tage vor seiner Verhaftung am 31. Dezember 2001 auf einer Pressekonferenz die Verlegung sämtlicher LeT-Einheiten ins IAK verkündete und das MDI formell auflöste.[289] An dessen Stelle trat nun die bereits in den Achtzigerjahren als karitative Einrichtung eingetragene *Ǧamāʿat ud-Daʿwa* (JuD), die unter seinem Vorsitz nahtlos an die Arbeit der Vorgängerorganisation anknüpfte.[290]

Der unter anderem von *A. Rašīd* geäußerte Verdacht, dass die verbotenen Gruppen vom ISI insgeheim dazu ermutigt wurden, ihre Aktivitäten unter neuem Namen wieder aufzunehmen, ist auch im Hinblick auf die LeT mehr als begründet.[291] Als das *Lahore High Court* rund ein Jahr nach der Inhaftierung von *Ḥāfiẓ Saʿīd* seine Freilassung beschloss, hatte dessen von den staatlichen Razzien nahezu unberührte Anhängerschaft ihre Position innerhalb der dschihadistischen Community sogar noch ausbauen können.[292] Grundsätzlich profitierten zwar sämtliche Extremisten Pakistans vom Ausbleiben einer mehrfach angekündigten Entwaffnungskampagne der Regierung. Im Gegensatz zu anderen Gruppierungen gestattete das Militärregime der LeT/JuD jedoch weiterhin, eigene Trainingscamps zu unterhalten und übte großen Druck auf die lokalen Medien aus, nicht über die von ihr betriebene Fluchthilfe für *al-Qāʿida*-Mitglieder aus Afghanistan zu berichten.[293]

---

288 Q. Siddique: What is Lashkar-e-Taiba?, S. 4.
289 S. Tankel: Lashkar-e-Taiba, S. 6.
290 Ebd.
291 A. Rashid: Descent into Chaos, S. 146.
292 N. Howenstein: The Jihadi Terrain in Pakistan, S. 21.
293 A. Rashid: Descent into Chaos, S. 147.

7.3 *Hum ğihād kyūn kar rāhe hain:* Der permanente Kriegszustand

Trotz der vermeintlichen Isolation der *Ahl-e Ḥadīṯ* in Pakistan weisen die ideologischen Grundlagen der von *Ḥāfiẓ Saʿīd* gegründeten Organisationen zahlreiche Parallelen zu überaus prominenten radikalislamischen Vordenkern auf. Neben der bereits von *Maudūdī* propagierten Fusion von Predigt und Kampf, gilt dies vor allem für das Dschihadverständnis seiner Anhänger. Dieses beruht in zentralen Punkten auf den Ansichten von *ʿAbdullāh ʿAzzām*, der im Gründungszeitraum des MDI in direktem Kontakt mit *Ḥāfiẓ Saʿīd* stand. Das wohl auffälligste gemeinsame Merkmal besteht dabei in der Aufwertung des defensiven *ğihād*, der als persönliche Pflicht (*farḍ al-ʿain*) eines jeden Muslims betrachtet wird.[294] Diese in *ʿAzzāms* Werk *ad-Difāʿ ʿan arāḍī l-muslimīn ahamm furūḍ al-aʿyān* (Die Verteidigung muslimischen Bodens ist die wichtigste der individuellen Pflichten) ausformulierte Sichtweise hat die LeT vorbehaltlos übernommen, wobei sich die Gruppe unter anderem auf den Koranvers 2:216 beruft.[295] Dieser lautet: „Euch ist vorgeschrieben, (gegen die Ungläubigen) zu kämpfen, obwohl es euch zuwider ist. Aber vielleicht ist euch etwas zuwider, während es gut für euch ist, und vielleicht liebt ihr etwas, während es schlecht für euch ist. Gott weiß Bescheid, ihr aber nicht."[296]

Die Bekämpfung einzelner Gegner folgt dabei einer klar festgelegten Reihenfolge. So hat *Ḥāfiẓ Saʿīd* in zahlreichen Predigten immer wieder darauf verwiesen, dass zuerst Hindus, danach Juden und schließlich Amerikaner zu bekriegen seien.[297] Der Anschluss der gesamten Kaschmirregion an Pakistan gilt zwar als wichtiges Etappenziel,[298] einen allein aufs IAK beschränkten Kampf lehnte der Theologe jedoch ab. So erklärte er zum Beispiel am 3. November 1999 in Lahore:

---

294 ʿA. ʿAzzām: *ad-Difāʿ ʿan arāḍī l-muslimīn ahamm furūḍ al-aʿyān, farḍ al-ʿain wa farḍ al-kifāya*, S.14, (www.tawhed.ws).

295 H. Haqqani: The Ideologies of South Asian Jihadi Groups, S. 24.

296 Der Koran: 2:216, Übersetzung von Rudi Paret, 11. Ausgabe, Stuttgart, 2010.

297 A. Mir: Talibanisation of Pakistan, S. 75.

298 Lashkar-e-Tayyiba, in: Jane's World Insurgency and Terrorism, (www.janes.com).

„Jehad is not about Jammu and Kashmir only. About 15 years ago, people might have found it ridiculous if someone told them about the disintegration of the USSR. Today I announce the break up of India [...] We will not rest until the whole of India is dissolved into Pakistan.“[299] Nach Angaben der pakistanischen Zeitung *The Friday Times* ermahnte *Ḥāfiẓ Saʿīd* seine Anhänger rund einen Monat nach dem Beginn der US-amerikanischen Angriffe auf den Irak im März 2003 jedoch, auch den dortigen Kampf nicht zu vernachlässigen: „The powerful western world is terrorizing the Muslims. We are being invaded, humiliated, manipulated and looted. How else can we response but through jihad [...] We must fight against the evil trio America, Israel and India.“[300]

Dass der sprunghafte Wechsel zwischen verschiedenen strategischen Szenarien tatsächlich auf bereits lange vor Beginn des Irakkriegs ausformulierten Konzepten beruhte, zeigt unter anderem das auf Urdu verfasste Pamphlet *Hum ǧihād kyūn kar rāhe hain*, das überaus aufschlussreiche Einblicke in das Dschihadverständnis der LeT gewährt.[301] Obwohl weder der Autor noch der genaue Zeitpunkt der Veröffentlichung bekannt sind, gestattet der Verweis auf das MDI als Herausgeber zumindest eine ungefähre Eingrenzung des Erscheinungsdatums auf den Zeitraum vor dessen Umbenennung in *Ǧamāʿat ud-Daʿwa* im Dezember 2001.[302]

Der zur vorliegenden Analyse herangezogene Text basiert auf der englischen Übersetzung der Originalquelle durch den eingangs erwähnten pakistanischen Diplomaten *Ḥusain Ḥaqqanī*. Entsprechend dem Titel seines Werkes zählt der anonyme Verfasser zunächst acht verschiedene Gründe auf, die für die Legitimation des militärischen *ǧihād* in Frage kommen: „1) to eleminate evil and facilitate conversion to and practice of Islam; 2) to ensure the ascendancy of Islam; 3) to force non-Muslims to pay *jizya* (poll tax, paid by non-Muslims for protection from a Muslim ruler); 4) to assist the weak and powerless; 5) to

---

299 Siehe A. Mir, Talibanisation of Pakistan, S. 74.

300 Ebd., S. 228.

301 Urdu: ہم جہاد کیوں کر راہ ہیں „Warum wir in den Dschihad ziehen“.

302 Die Veröffentlichung durch das MDI wird dabei explizit erwähnt.Vgl. H. Haqqani: The Ideologies of South Asian Jihadi Groups, S. 24.

avenge the blood of Muslims killed by unbelievers; 6) to punish enemies for breaking promises and treaties; 7) to defend a Muslim state; and 8) to liberate Muslim territories under non-Muslim occupation."[303] Die zeitliche und geographische Entgrenzung des heiligen Krieges offenbart sich dabei anhand einer Reihe aussagekräftiger rhetorischer Fragen, mit denen sich der Autor an seine Leser wendet: „Have all the obstacles to observing the faith in the world been removed? [...] Is the current world order that of kafirs (unbelievers) or of Muslims? Is the global economic system according to the wishes of Allah, which requires the end of interest and usury? [...] Are Muslims not being mistreated all over the world? Are not weak Muslim men, women and children calling for help against oppression from India, Kashmir, Philippines, Chechnya, Russia, China, Bosnia and several other Parts of the world?"[304] Trotz der Fülle der hier aufgeführten zeitgenössischen Konflikte werden die zum heiligen Krieg freigegebenen Territorien innerhalb eines weit über tausend Jahre zurückreichenden Rahmens zusätzlich erweitert: „Muslims ruled Andalusia (Spain) and we must wrest it back from them. All of India, including Kashmir, Hyderabad, Assam, Nepal, Burma, Bihar and Junagadh were part of the Muslim empire that was lost because Muslims gave up jihad. Palestine is occupied by the Jews. The holy Qibla-e-Awwal (First center of Prayer) in Jerusalem is under Jewish control. Several countries such as Bulgaria, Hungary, Cyprus, Sicily, Ethiopia, Russian Turkistan and Chinese Turkistan [...] were Muslim lands and it is our duty to get them back from unbelievers. Even parts of France reaching 90 Kilometers outside Paris and some of the forests and mountains of Switzerland were home to Muslim mujahideen but are now under the occupation of the unbelievers."[305]

Auffällig an diesem Dschihadkonzept ist vor allem die auch für die Reden von *Ḥāfiẓ Saʿīd* lange Zeit charakteristische Fixierung auf nicht-

---

303 *Hum ǧihād kyūn kar rāhe hain*, siehe H. Haqqani: The Ideologies of South Asian Jihadi Groups, S. 24-25.
304 Ebd.
305 Ebd.

muslimische Gegner, was die Kooperation der Wahhabiten mit den pakistanischen Behörden entsprechend erleichtert hat. Dass die Praxis des *takfīr* dennoch nicht aus dem Repertoire der *Ahl-e Ḥadīṯ* gestrichen wurde, zeigte sich spätestens im Zusammenhang mit der Besetzung der *Lāl Masǧid* (rote Moschee) im Stadtzentrum Islamabads durch radikalislamische Studenten. So bezeichnete *Ḥāfiẓ Saʿīd* die dort eingesetzten pakistanischen Soldaten im August 2007 erstmals als *kuffār*, gegen die ein *ǧihād* zum Schutz von religiösen Stätten obligatorisch sei.[306] Kombiniert man die in *Hum ǧihād kyūn kar rāhe hain* eindrucksvoll zur Schau gestellte pseudohistorische Definition von muslimischem Boden mit dem Weltbild von *ʿAbdullāh ʿAzzām* (wonach alle Muslime in Sünde leben, solange auch nur ein einziges muslimisches Land in den Händen der Ungläubigen verbleibt), offenbart sich zudem das globale Potenzial des von seinen Anhängern vertretenen defensiven *ǧihād* in unmissverständlicher Deutlichkeit.[307]

Zwar steht dieser Anspruch in keinem Verhältnis zu den militärischen Fähigkeiten der LeT. Andererseits gewährt gerade die praktisch nicht umzusetzende Agenda der gesamten Bewegung von *Ḥāfiẓ Saʿīd* einen unbegrenzten *casus belli*, welcher seinen Organisationen weiterhin gestattet, Spenden zu sammeln, neue Mitglieder zu indoktrinieren und sie schließlich an die offenen Fronten eines ideologisch kaum begrenzten *ǧihād* zu entsenden.

7.4 *Ǧihād* im Angesicht des Feindes: Das Massaker von Mumbai

Die Tatsache, dass die LeT auch nach dem verschärften Vorgehen pakistanischer Sicherheitskräfte ab 2003 noch über eine weitgehend intakte Infrastruktur verfügte, bestätigte die in der Forschungsliteratur angeführten Spekulationen über die Favorisierung der Bewegung durch den ISI in jeder Hinsicht.[308] So liegt der kometenhafte Aufstieg

---

306 Q. Siddique: The Red Mosque operation and its impact on the growth of the Pakistani Taliban, in: FFI-rapport, 2008/01915, 08.10.2008, S. 3, (www.mil.no).

307 G. Kepel/J-P. Milelli: Texte des Terrors, S. 180.

308 N. Howenstein: The Jihadi Terrain in Pakistan, S. 21, vgl. S. Tankel: Lashkar-e-Taiba, S. 6.

der aus einem harten Kern von wenigen hundert aktiven Kämpfern bestehenden Gruppe vor allem darin begründet, dass es ihr kurzfristig als einzigem lokalen Akteur gestattet war, an der Rekrutierung und Ausbildung neuer Männer festzuhalten.[309] Das so erlangte Monopol als wichtigster Anbieter paramilitärischen Trainings in Pakistan konnte sie bis zur endgültigen Regeneration der *Ṭālibān-* und *al-Qāʿida*-Verbände in der pakistanisch-afghanischen Grenzregion zu Beginn des Jahres 2004 bewahren.[310] Auch danach erhielt sie weiterhin starken Zulauf.[311]

Obwohl die meisten LeT-Mitglieder aus der Provinz Punjab stammen, verfügte die Gruppe nach eigenen Angaben über Kämpfer aus über einem Dutzend verschiedener Nationen.[312] Dabei bemühte sich ihre Führung insbesondere um westliche Staatsangehörige mit pakistanischen Wurzeln oder um Konvertiten, die getrennt von den einheimischen Rekruten untergebracht und ausgebildet wurden.[313] Da der LeT nachgesagt wurde, Freiwillige nur selten zurückzuweisen, erreichte sie unter ausländischen Terroranwärtern rasch einen entsprechend hohen Bekanntheitsgrad.[314] Während die Teilnahme am militärischen Training in aller Regel an den Besuch der Religionskurse gekoppelt war,

---

309 Nach eigenen Angaben hat die LeT darüber hinaus allein 2003 mehr als 3300 Jugendliche für den *ǧihād* rekrutiert. Vgl. W. John: Lashkar-e-Tayyeba, S. 5.

310 S. Tankel: Lashkar-e-Taiba, S. 11.

311 Das mehrstufige Trainingsprogramm beginnt in aller Regel mit einer intensiven Unterweisung in die Lehren der *Ahl-e Ḥadīṯ*. Danach folgt eine dreiwöchige allgemeine paramilitärische Grundausbildung (*dôra ʿāma*), der sich bei geeigneter physischer und psychischer Belastbarkeit des Rekruten ein zehnwöchiges Spezialtraining (*dôra ḫāṣa*) anschließt, in dem die Freiwilligen unter anderem den Umgang mit schweren Waffen und Sprengstoff erlernen. Vgl. Q. Siddique: What is Lashkar-e-Taiba?, S. 6.

312 N. Howenstein: The Jihadi Terrain in Pakistan, S. 18.

313 S. Tankel: Lashkar-e-Taiba, S. 10.

314 So gab der 2004 als Kopf einer Londoner Terrorzelle zu lebenslanger Haft verurteilte britische Staatsbürger *ʿOmar Ḫyām* während eines Verhörs zu Protokoll, dass er nach seiner Ankunft in Islamabad im Januar 2001 den Taxifahrer lediglich anweisen musste, ihn in das „office of the mujahideen" zu bringen. Vgl. P. Bergen/P. Cruickshank: Al-Qaeda-on-Thames: UK Plotters Connected, in: The Washington Post, 30.04.2007, (newsweek.washingtonpost.com).

bestand jedoch auch die Möglichkeit, dieses gegen Bezahlung zu erhalten und die spezifische Indoktrination der *Ahl-e Ḥadīṯ* zu umgehen.[315] Tatsächlich wurde dieses Angebot von einer ganzen Reihe extremistischer Organisationen genutzt, die aus unterschiedlichen Gründen nur eingeschränkt zur Ausbildung eigener Kräfte in der Lage waren. Zudem attestierten britische Behörden der LeT eine zentrale Rolle bei der Weitervermittlung von im Westen aufgewachsenen Freiwilligen an transnational agierende Dschihadisten.[316] So hielt sich auch *Šazad Tanwīr*, der am 7. Juni 2005 in London gemeinsam mit drei weiteren Attentätern 52 Menschen bei Sprengstoffanschlägen auf den öffentlichen Nahverkehr tötete, nach übereinstimmenden Angaben pakistanischer und britischer Behörden zumindest kurzfristig in der Anlage der JuD in Muridke auf.[317]

Weitere Hinweise auf die Verwicklung der LeT in terroristische Aktivitäten außerhalb Südasiens finden sich im Zusammenhang mit dem zum Islam konvertierten Franzosen *Willie Brigitte*. Nachdem sein ursprüngliches Vorhaben, die *Ṭālibān* nach dem Einmarsch der Amerikaner in Afghanistan zu unterstützen, mehrfach an der pakistanisch-afghanischen Grenze gescheitert war, wandte er sich schließlich an eine von der JuD betriebene Moschee in Pakistan. Diese vermittelte ihn an ein LeT-Trainingslager bei Faisalabad, wo er sowohl die *dôra ʿāma* als auch die *dôra ḫāṣa* durchlief.[318] Im Jahr 2004 tauchte er in Australien wieder auf, wo er nach Angaben französischer Ermittler eine lokale Zelle bei Anschlagsvorbereitungen auf mehrere Hochwertziele unterstützen sollte.[319] Nach seiner Festnahme erklärte *Brigitte* gegenüber australischen Sicherheitskräften auf direkten Befehl der LeT gehandelt

---

315 S. Tankel: Lashkar-e-Taiba, S. 12.

316 Ebd.

317 Dennoch bezweifeln die Behörden, dass er sich dort lange genug aufhielt, um durch die LeT selbst trainiert zu werden. Vgl. J. Kirkup: Pakistanis ready to Extradite 7/7 Terror Link to UK, in: The Scotsman, 10.09.2005, (news.scotsman.com).

318 The Kashmir connection, in: Jane's Terrorism & Security Monitor, 11.09.2006, (www.janes.com).Vgl.

319 Darunter befanden sich US-Basen, Einrichtungen des australischen Nachrichtendienstes sowie Nuklearanlagen. Vgl. S. Tankel: Lashkar-e-Taiba, S. 12.

zu haben.[320] Da die Hierarchie der Organisation seit der Beilegung einer Fehde zwischen *Ḥāfiẓ Saʿīd* und *Ẓakīurreḥman Lakhwi* im Jahr 2003 wieder als intakt gilt, ist die Wahrscheinlichkeit einer nicht autorisierten Operation abtrünniger LeT-Anhänger im Fall *Brigittes* relativ gering.[321] Als besonders schwerwiegend erscheint in diesem Zusammenhang dessen Aussage, wonach sich pakistanische Armeeangehörige regelmäßig in den LeT-Trainingscamps aufhielten und die dortige Ausbildung beaufsichtigten – ein Umstand, auf den zahlreiche Beobachter immer wieder hingewiesen hatten.[322] Dabei konzentrierte sich die Masse der LeT-Aktivitäten noch immer weitestgehend auf das IAK.

Dass die vermehrten Aufrufe von *Ḥāfiẓ Saʿīd*, den *ǧihād* über Südasien hinauszutragen, jedoch weitaus mehr waren als rhetorische Pflichtübungen, zeigte sich unter anderem im Irak. So nahmen britische Verbände im Frühjahr 2004 in der Stadt Basra neben mehreren Kadern der Gruppe unter anderem *Dilšad Aḥmad* gefangen.[323] Nachdem auch die Verbindungen zu transnationalen Terroristen immer offener zutage traten, verhängte der UN-Sicherheitsrat im Mai 2005 auf Basis der Resolution 1267 von 1999 schließlich ein vollständiges Verbot der LeT wegen ihrer Verbindungen zu *al-Qāʿida.*[324] Als Pakistan rund einen Monat später die LoC nahezu vollständig abriegelte, verlor sie zudem den Zugang zu ihrem wichtigsten Operationsgebiet. Noch bevor sich die Mehrheit der nun beschäftigungslosen Dschihadisten neuen Aufgaben zuwenden konnte, erschütterte im Oktober 2005 ein verheerendes Erdbeben die gesamte Kaschmirregion.[325] Da die überlebenden Mitglieder der LeT/JuD unverzüglich mit der Unterstützung der Not

---

320 Ebd., S. 15.

321 A. Mir: Talibanisation of Pakistan, S. 37.

322 S. Tankel: Lashkar-e-Taiba, S. 15.

323 E. Blanche: Lashkar-e taiba spreads its tentacles, S. 14.

324 Security Council Committee established pursuant to resolution 1267 (1999) concerning Al-Qaida and the Taliban and Associated Individuals and Entities, in: United Nations Documentation, (www.un.org).

325 Bei dem Beben der Stärke 7,6 auf der Richterskala starben über 74 000 Menschen, rund 3,5 Millionen wurden obdachlos. Vgl. Erdbeben in Pakistan fordert viele Opfer unter den Armen, in: DW-World.de, 29.10.2008, (www.dw-world.de).

leidenden Bevölkerung begannen, konnten die *Ahl-e Ḥadīṯ* ihren Rückhalt erstmals massiv ausbauen. Darüber hinaus bescherte ihr die Na-
turkatastrophe eine beispiellose Flut karitativer Spenden, die zu einem
nicht unerheblichen Teil in britischen Moscheen gesammelt wurden.[326]
Weil der Zugang ins IAK weiterhin eingeschränkt blieb, machte sich
die finanziell gut ausgestattete Gruppe bald auf die Suche nach neuen,
leichter zugänglichen Schlachtfeldern und fand diese unter anderem in
Afghanistan. Bereits 2006 begann die LeT mit der Anwerbung neuer
Rekruten in dem bei Peschawar gelegenen Flüchtlingslager *Jalozai* und
beteiligte sich ab 2008 an den Kämpfen radikalislamischer Milizen gegen die westlich geführten Koalitionstruppen im Osten des Nachbar-
landes.[327]

Der eigentliche Schwerpunkt der Gruppe verlagerte sich jedoch
immer deutlicher nach Indien. So häuften sich seit 2006 die Hinweise
auf die Vorbereitung von Terroranschlägen auf den insbesondere bei
jungen Amerikanern, Europäern und Israelis beliebten Bundesstaat
Goa.[328] Darüber hinaus veröffentlichten indische Nachrichtendienste
im März 2007 erstmals Informationen, die auf die Versuche der LeT
und der JeM hinwiesen, Waffen auf dem Seeweg von Pakistan nach Indien zu schmuggeln.[329] Tatsächlich trainierte die LeT zu diesem Zeit-

---

326 D. Filkins/S. Mekhenet: Threats and Responses: The Money Tail: Pakistani
    Charity Under Scrutiny in Financing of Airline Bomb Plot, in: The New York
    Times, 14.10.2006, (www.nytimes.com).
327 Obwohl die *International Security Assistance Force* (ISAF) der LeT einen über-
    durchschnittlich hohen Organisationsgrad attestierte, blieb ihr Anteil an den
    alltäglichen Kampfhandlungen verhältnismäßig gering. Vgl. Cross border
    Hardcore, in: Jane's Terrorism and Security Monitor, 05.09.2008.
328 Während das israelische Außenministerium bereits im Jahr 2006 vor mögli-
    chen Anschlägen in der Region warnte, verhafteten indische Behörden knapp
    ein Jahr später den aus Hyderabad stammenden Inder *Riyāẓuddīn Nāṣir* (alias
    Moḥammed Gouse), der eine Reihe von Sprengstoffanschlägen auf die alljähr-
    lich stattfindenden Strandpartys zwischen Weihnachten und Neujahr vorbe-
    reitet hatte. Auch in diesem Fall soll der mutmaßliche Dschihadist sein Trai-
    ning bei der LeT erhalten haben, wobei eine zusätzliche Ausbildung durch die
    HuJI nicht ausgeschlossen werden kann. Vgl. S. Tankel: Lashkar-e-Taiba, S. 22.
329 N. Misra/R. Singh: Terror from the Deep Blue, in: Daily News, 19.03.2007,
    (www.dailynews.lk).

punkt bereits seit einem Jahr eine kleine Gruppe ausgewählter Freiwilliger, die auf einem See in der Nähe des JuD-Hauptquartiers amphibische Landungen übten.[330] Konkrete Hinweise auf mögliche Anschlagsziele in der Millionenmetropole Mumbai erreichten indische Behörden nach Angaben des amerikanischen Nachrichtensenders CNN spätestens im Oktober 2008.[331]

Als das insgesamt zehn Mann starke, mit Sturmgewehren und Sprengstoff bewaffnete Kommando schließlich am 26. November 2008 kurz nach 21 Uhr Ortszeit im Westen der Hafenstadt an Land ging, zeigten sich die lokalen Sicherheitskräfte dem hochkomplexen Angriff in keiner Weise gewachsen. So gelang es bereits dem ersten Zwei-Mann-Team am *Chhatrapati Shivai* Bahnhof trotz der Anwesenheit mehrerer Polizisten wahllos 56 Pendler zu erschießen und über hundert weitere Menschen teils schwer zu verletzen.[332] Rund eine halbe Stunde später detonierte in dem von ihnen zur Anfahrt auf das Ziel genutzten Taxi eine Bombe, die das allgemeine Chaos verstärkte. Danach griffen die beiden das *Cama Albless Hospital* an, wo sie ein Polizeifahrzeug entwendeten und aus dem fahrenden Auto auf Passanten schossen, bis sie an einer Straßensperre gestoppt wurden.[333]

Unterdessen überfielen die restlichen Terroristen das von Rucksackreisenden frequentierte *Cafe Leopold*, das *Metro Cinema*, das jüdisch-orthodoxe Kulturzentrum im so genannten *Nariman House* sowie die beiden Luxushotels *Hilton Trident Oberoi* und *Taj Mahal Palace and Tower*. Obwohl die lokale Polizei Unterstützung von über 1000 Angehörigen der Nationalgarde und indischen Spezialeinheiten erhielt, gelang es den Sicherheitskräften erst nach fast 60 Stunden die letzten An-

---

330 S. Coll: Lashkar-e-Taiba, in: The New Yorker, 01.12.2008, (www.newyorker.com).

331 Demnach hatte das *Federal Bureau of Investigation* (FBI) indische Behörden zweimal vor einem möglichen Angriff auf das Hotel *Taj Mahal Palace and Tower* gewarnt. Vgl. Source: US warned India about possible Mumbai Attack, in: CNN World, 01.12.2008, (www.cnn.com).

332 J. Binnie/C. Le Mière: In the line of fire, in: Jane's Intelligence Review, Volume 21, Number 01, 01/2009, S. 8.

333 Ebd.

greifer zu töten.[334] Insgesamt kamen bei den Angriffen auf Indiens wichtigste Wirtschaftsmetropole bis zu 175 Menschen ums Leben.[335]

Dabei suchten die Dschihadisten vor allem im *Taj Mahal Palace and Tower* gezielt nach westlichen Gästen, die ebenso wie die Geiseln im jüdischen Kulturzentrum vor ihrer Hinrichtung teilweise entkleidet und gefoltert wurden.[336] Während Islamabad zunächst jegliche Beteiligung pakistanischer Staatsbürger an dem Angriff abstritt, veröffentlichte Indien am 5. Januar 2009 ein 70-seitiges Dossier, welches die LeT eindeutig als Urheberin der Attacken bezichtigte.[337] Dabei beriefen sich die Verfasser, neben dem Geständnis des einzigen überlebenden Attentäters *Aǧmal Amīr Qasāb*, auch auf die über eine russische E-Mail-Adresse im Namen der so genannten *Deccan Mujahedeen* versendeten Bekennerschreiben, die sich ebenso wie die während des Angriffs abgefangenen Telefonate zwischen den Dschihadisten und ihren Befehlshabern nach Pakistan zurückverfolgen ließen.[338]

Am 12. Februar 2009 bestätigte schließlich auch Islamabad, dass die Anschläge zumindest teilweise in Pakistan vorbereitet worden waren und gab gleichzeitig die Verhaftung von sechs Tatverdächtigen bekannt, darunter *Ẕakīurreḥman Lakhwi* und der Initiator *Ḥammād Amīn Ṣadīq*.[339]

---

334 Ebd., S. 10.

335 Unter den ausländischen Toten befanden sich vier Israelis, drei Amerikaner, drei Deutsche, je zwei Franzosen, Kanadier und Australier sowie je ein Staatsangehöriger aus Großbritannien, Japan, Italien, Malaysia, Mexiko, den Niederlanden, Singapur, Thailand und Mauritius. Vgl. A. Mir: Talibanisation of Pakistan, S. 18.

336 S. Mishra: Terrorists sexually humiliated guests before killing them, in: The Mumbai Mirror, 25.12.2008, (www.mumbaimirror.com), vgl. D. Mc Elroy: Mumbai attacks: Jews tortured before being executed during hostage crisis, in: The Telegraph, 01.12.2008. (www.telegraph.co.uk).

337 A. Mir: Talibanisation of Pakistan, S. 21.

338 Ebd., S. 25.

339 Ebd., S. 29.

7.5 Resümee

Trotz der Ausbildung global agierender Terroristen und der nachgewiesenen Präsenz im Irak und in Afghanistan hat sich die LeT bis heute nicht vom *ğihād* in Kaschmir abgewendet. So lassen sich auch ihre verstärkten Aktivitäten in Indien ohne Weiteres durch die eingeschränkten Infiltrationsmöglichkeiten in ihr primäres Operationsgebiet erklären. Ein plausibles strategisches Motiv für den Angriff auf Mumbai wäre demnach die Torpedierung der indo-pakistanischen Entspannungspolitik, die im fundamentalen Widerspruch zur Zielsetzung der Gruppe stand. Tatsächlich untermauerte der Terroranschlag die Position der militärischen Hardliner auf beiden Seiten, die, wie nach dem Angriff auf das Parlament in Neu-Delhi im Jahr 2001, riesige Truppenkontingente in die gemeinsame Grenzregion verlegen ließen.[340] Immerhin gelang es durch eine rasche Vermittlung aus dem Ausland, den Ausbruch von Kampfhandlungen zu vermeiden und die gemäßigten Kräfte in beiden Lagern kurzfristig zu stärken.[341]

Trotzdem sah sich die amtierende Regierungspartei PPP unter Pakistans neuem Präsidenten *Āṣif ʿAlī Zardārī* nach den Ereignissen von Mumbai dem schon unter seinem Vorgänger *Mušarraf* omnipräsenten Vorwurf ausgesetzt, den Aktivitäten terroristischer Gruppen auf dem eigenen Hoheitsgebiet tatenlos zuzusehen. Vor dem Hintergrund wachsender internationaler Isolierung verschlechterte sich auch die innenpolitische Position von *Zardārī* zusehends, wobei dessen Bereitschaft, auf eine Politik des nuklearen Erstschlags zu verzichten nicht nur zahlreiche Islamisten, sondern auch weite Teile der Armeeführung gegen ihn aufgebracht hatte.[342] Dass die Massaker von Mumbai ungeachtet ihrer geographischen Nähe zu Pakistan und der primär regionalen Zielsetzung dennoch auf eine entscheidende Zäsur in der Geschichte der LeT hinweisen, erschließt sich dabei erst auf den zweiten Blick. So agierte die Gruppe nicht nur vollkommen konträr zu den politischen Zielen der Regierung. Auch erreichte sie mit der gezielten Tö-

---

340 S. Tankel: Lashkar-e-Taiba, S. 25.
341 A. Mir: Talibanisation of Pakistan, S. 19.
342 S. Tankel: Lashkar-e-Taiba, S. 24.

tung von Juden, Amerikanern und Europäern eine mediale Aufmerksamkeit, die sie schlagartig in eine Liga mit global agierenden Terrornetzwerken wie *al-Qāʿida* katapultierte.

Tatsächlich kann sich die Gruppe bei ihrer auf Kosten ziviler Opfer vollzogenen Emanzipation direkt auf die berüchtigte „Erklärung der internationalen islamischen Front für den heiligen Krieg gegen die Juden und Kreuzfahrer" von 1998 berufen, in der *b. Lādin* verkündet hatte: „[...] Die Amerikaner und ihre Verbündeten zu töten, ob Zivilisten oder Soldaten, ist eine Pflicht für jeden Muslim, der es tun kann, in jedem Land, wo er sich befindet, [...] bis ihre Armeen alle muslimischen Gebiete verlassen."[343] Dabei spricht vor allem der durch die Tötung der oben beschriebenen Personengruppen zu erlangende Prestigegewinn gegen eine rein ökonomischen Gesichtspunkten unterworfene Operationsführung – trotz des zweifellos immensen Schadens durch den Angriff auf das wichtigste wirtschaftliche Zentrum Indiens.

Obwohl der LeT seit Längerem eine Spezialisierung auf so genannte *fidāʾiyīn*-Attacken nachgesagt wird, unterstützt der massive Einsatz von Schusswaffen und das selektive Vorgehen der Terroristen die These von einem auf die maximale Aufmerksamkeit internationaler Medien ausgerichteten Massaker.[344] So fand ein im Juli 2006 ebenfalls in Mumbai verübter Sprengstoffanschlag auf einen Personenzug mit insgesamt 209 Toten außerhalb der Region kaum Beachtung.[345] Zudem ist die Aufmerksamkeitsspanne internationaler Nachrichtenagenturen bei Bombenattentaten selbst im Falle westlicher Opfer relativ gering, da sich die für die Bildberichterstattung interessanten Folgen einer urplötzlich ausgelösten Explosion zumeist schnell beseitigen lassen.[346] In Mumbai jedoch hatten die Medien genügend Zeit, alle Ressourcen für

---

343 G. Kepel/J-P. Milelli: Texte des Terrors, S. 87.

344 Plural von arabisch: فدائي wörtlich: „Einer, der sich opfert". Zu den bekanntesten Beispielen entsprechender Attacken gehört das Massaker von Luxor vom 17. November 1997, bei dem sechs Terroristen das Feuer auf ausländische Besucher des Hatschepsut-Tempels eröffneten und fast 60 Menschen erschossen. Vgl. J. Binnie/C. Le Mière: In the line of fire, S. 10.

345 A. Mir: Talibanisation of Pakistan, S. 26.

346 J. Binnie/C. Le Mière: In the line of fire, S. 10.

eine 24-stündige Live-Berichterstattung zu mobilisieren und diese über mehrere Tage hinweg aufrecht zu halten. Folgt man den von indischen Behörden veröffentlichten Abhörprotokollen, wurde dieser Umstand von den Attentätern gezielt ausgenutzt. Demnach erhielt einer der Geiselnehmer im besetzten jüdischen Kulturzentrum am 27. November 2008 um 10:26 Ortszeit per Telefon folgende Instruktionen von seinem Gesprächspartner aus Pakistan: „Brother you have to fight. This is a matter of the prestige of Islam. Everything is being recorded by the international media. Inflict maximum damage. Keep fighting. Don't be taken alive."[347] Tatsächlich war der Angriff auf Mumbai in medialer Hinsicht ein Terrorakt von globalem Ausmaß. Inwiefern das von zahlreichen Nachrichtenagenturen aufgegriffene Bild von „India's 9/11" passend ist, sei dahingestellt. Der Intention der Angreifer hingegen dürfte es auf jeden Fall entsprechen.

---

347 Siehe A. Mir: Talibanisation of Pakistan, S. 27.

8 Vom Verbündeten zum Staatsfeind: Die *Ǧaiš-e Moḥammed*

8.1 Radikale Reformer: Zur Entstehung des Deobandi-Islam

Im Gegensatz zu den bislang untersuchten Fallbeispielen verfügt die Schule von Deoband auch außerhalb von Fachpublikationen über einen verhältnismäßig hohen Bekanntheitsgrad. Dieser beruht überwiegend auf der Assoziation ihrer Glaubenslehre mit den afghanischen *Ṭālibān*, deren erbarmungsloses Rechtsverständnis zu einer der strengsten Auslegungen der *šarīʿa* in der islamischen Geschichte führte.[348] In der Tat sind die Verbindungen zwischen den Anhängern von *Mullā ʿOmar* und pakistanischen Deobandi-Gelehrten mühelos nachweisbar. Im Zentrum der noch jungen Bewegung standen dabei vor allem zwei religiöse Hochschulen: Die so genannte *Binori-Mosque* in Karatschi und das berüchtigte *Dār ul-ʿUlūm Ḥaqqānīya* des fundamentalistischen *Maulānā Samī ul-Ḥaq* aus Akhora Khattak, zu dessen Absolventen neben zahlreichen Provinzgouverneuren und Militärbefehlshabern allein acht Minister der Kabuler Talibanregierung gehörten.[349]

Trotz des hohen Ansehens beider Schulen (im Jahr 1999 verzeichnete das *Dār ul-ʿUlūm Ḥaqqānīya* 15 000 Anwärter auf 400 neu geschaffene Studienplätze), fielen selbst hochrangige *Ṭālibān* immer wieder durch eingeschränkte Kenntnisse islamischer Jurisprudenz auf.[350] Auch beteiligten sie sich nur selten an ideologischen Diskursen. So konstatierte A. Rašīd: „Es gibt kein Taliban-Manifest und keine intellektuelle Analyse islamischer oder afghanischer Geschichte. [Die Taliban] haben mit den weltweiten radikalen islamischen Debatten kaum Kontakt und über einen Sinn für ihre eigene Geschichte verfügen sie schon gar

---

348 A. Rashid: Descent into Chaos, S. 74.
349 A. Rashid: Taliban, S. 165.
350 Ebd., S. 166.

nicht.“[351] Vergleicht man dieses Urteil mit dem antikolonialen Ursprung der Schule von Deoband, könnte der Kontrast kaum größer sein. Denn im Gegensatz zum prosophoben Dogmatismus der afghanischen *Ṭālibān* verstand sich die 1867 in Nordindien gegründete theologische Hochschule *Dār ul-ʿUlūm Dêôband* durchaus als zukunftsorientierte Einrichtung, deren Hauptanliegen die Reformierung des Islam durch Bildung war. Ihre ideologischen Vordenker *Rašīd Aḥmad Gangôhī* (1829–1905) und *Mohammed Qāsim Nānôtawī* (1833–1877) konzentrierten sich vor allem auf eine von Intellektualität und spiritueller Erfahrung getragene Erneuerung der islamischen Rechtsprechung, die jungen Muslimen anhand einer Kombination aus klassischen Schariatexten und zeitgenössischen Beispielen näher gebracht werden sollte.[352]

Inhaltlich unterschied sich der Ansatz ihrer Lehren somit nur geringfügig von anderen zeitgenössischen Islamisten. Auch die Deobandis betrachteten die Rückkehr zu einer frühislamischen Gesellschaftsordnung als einzig möglichen Weg, die *umma* wieder zu alter Stärke zurückzuführen.[353] Dabei sprachen sie sich von Anbeginn gegen nationalstaatliche Ansätze und hierarchische Strukturen innerhalb der Gemeinschaft der Gläubigen aus.[354] Zudem grenzte das *Dār ul-ʿUlūm Dêôband* diese strikt von der Masse aller Nicht-Muslime ab und schrieb Letzteren die Rolle der ewigen Antagonisten einer gottgefälligen islamischen Ordnung zu – ein Gedankenmodell, dass sich vor allem über die späteren Schriften *Maudūdīs* zu einem der am weitesten verbreiteten Motive des politischen Islam entwickeln sollte.[355] Auch unter zeitgenössischen Deobandi-Gelehrten besitzt dieses dichotome Weltbild nach wie vor eine unangefochtene Gültigkeit. So erklärte *Maulānā Masʿūd Azhar*: „The simple understanding of the difference between the unbelievers and believers is similar to the difference of light and darkness, black and white or happiness and sadness [...] They will do

---

351 Ebd., S. 170.

352 Ebd., S. 162.

353 H. Haqqani: The Ideologies of South Asian Jihadi Groups, S. 22.

354 N. Howenstein: The Jihadi Terrain in Pakistan, S. 22.

355 H. Haqqani: The Ideologies of South Asian Jihadi Groups, S. 22.

their utmost and their sole aim of living is to destroy or cause harm to the Muslims."[356]

Ungeachtet der starken Gewichtung schulischer Erziehung innerhalb des Deobandi-Islam fiel bereits deren Gründergeneration durch ein hohes Maß an religiös motivierter Gewalt auf. Dabei riefen ihre Vordenker nicht nur wiederholt zum kleinen *ğihād* gegen die britische Besatzung auf, sondern beteiligten sich selbst aktiv an militärischen Kampagnen.[357] Im Gegensatz zu den *Ahl-e Ḥadīṯ*, die nahezu unverändert an den Lehren der *wahhābīya* festhielten, entwickelten sich die Deobandis trotz zahlreicher ideologischer und programmatischer Schnittmengen bald zu einer eigenständigen, genuin südasiatischen Bewegung. Am deutlichsten lässt sich dieser Unterschied zu ihren Glaubensbrüdern in einem verhältnismäßig toleranten Umgang mit lokalen Volksbräuchen und vorislamischen Traditionen festmachen. Trotz dieser Anpassung beharrten sie jedoch auf der rigorosen Befolgung der eigenen, hanafitischen Rechtsschule und lehnten schiitische und sufistische Praktiken ebenso ab wie eine unabhängige Interpretation von *Qur'ān* und *sunna*.[358] Bei der Verbreitung ihrer Ideologie stützten sie sich in erster Linie auf ein umfassendes Netz von Koranschulen, von denen hundert Jahre nach Eröffnung der ersten *madrasa* in Deoband bereits über 9000 Ableger in ganz Südasien existierten.[359]

Auch nach der Gründung der 1945 von Deobandi-Klerikern ins Leben gerufenen *Ğam'īyat-e 'Ulama'-e Islām* (JUI) zeigte die Bewegung vorerst wenig Interesse daran, ihr missionarisches Wirken zugunsten einer stärkeren politischen Rolle aufzugeben, obwohl sie den Abzug Großbritanniens und die Staatsgründung Pakistans befürwortete. Deutliche Anzeichen einer dauerhaften Politisierung der Partei offenbarten sich erst um 1970, als es ihrem damaligen Führer *Maulānā Muftī Maḥmūd* gelang, eine breite Wählerschaft in der NWFP und Belutschistan zu mobilisieren. Dabei konnte die JUI durch eine progressive

---

356 M. Azhar: The Virtues of Jihad (*Fażā'il-e ğihād*), published by Ahle Sunnah Wal Jama'at, Islamabad, 1996, S. 112, (www.muslimtents.com).
357 H. Haqqani: The Ideologies of South Asian Jihadi Groups, S. 22.
358 I. Talbot. Pakistan: A Modern History, S. 486.
359 A. Rashid: Taliban, S. 163.

Sozialpolitik sowie ihre streng antiwestliche Haltung auch unter jenen Wählern punkten, die ihrem puristischen Islamverständnis ansonsten weniger aufgeschlossen gegenüberstanden.[360] Als begehrter Koalitionspartner etablierter Parteien integrierte sich die JUI nun verhältnismäßig schnell ins politische System Pakistans. Ihre Rolle als klassische Oppositionsfraktion beendete sie aber erst 1993, wobei ihre Allianz mit der säkularen PPP *Bênazīr Bhuttôs* ihr umgehend scharfe Kritik aus dem religiös-konservativen Lager einbrachte. Zwei Jahre später führten die internen Differenzen zur Abspaltung eines Parteiflügels unter *Sāmī ul-Ḥaq*, dessen JUI-S fortan unabhängig von der durch *Maulānā Fażlurreḥmān*, dem Sohn von *Muftī Maḥmūd*, geführten JUI-F auftrat. Trotz der späteren Annäherung beider Fraktionen unter dem Dach der 2002 gegründeten MMA blieb der extrem ausgeprägte Mangel an innerer Geschlossenheit weiterhin ein typisches Merkmal des pakistanischen Deobandi-Islam. Dies gilt in besonderem Maße für die Genese der mehr oder weniger verdeckt operierenden paramilitärischen Gruppierungen. Als verhältnismäßig junges zeitgeschichtliches Phänomen befinden sich diese nicht nur in ständigem Wandel. Auch rückwirkend betrachtet ist die Analyse ihres nebulösen Beziehungsgefüges äußerst kompliziert, was sich unter anderem in zahlreichen Widersprüchen innerhalb der zu diesem Thema veröffentlichten Informationen widerspiegelt.

Ein exemplarisches Beispiel hierfür ist die *Ḥarkat ul-Ǧihād ul-Islāmī* (HuJI). So verwies die Internetseite des Nachrichtenmagazins *Der Spiegel* im Zusammenhang mit der Terrorwarnung des deutschen Innenministeriums im November 2010 unlängst auf die Gründung der Organisation durch den Pakistaner *Ilyās Kašmīrī*.[361] Zwar leitete dieser zeitweise die Operationen der Gruppe im IAK. Tatsächlich wurde die HuJI jedoch um 1980 von *Maulānā Iršād Aḥmad* ins Leben gerufen.[362]

---

360 I. Malik: Pakistan: Democracy, Terror and the Building of a Nation, S. 189.

361 Y. Musharbash: Ilyas Kashmiri: Der Mann, der Terror möglich macht, in: Spiegel Online, 18.11.2010, (www.spiegel.de).

362 M. A. Rana: A-Z of Jehadi Operations in Pakistan, S. 263, vgl. United States Department of State, Office of the Coordinator for Counterterrorism: Country Reports on Terrorism 2005, 04/2006, (www.state.gov).

Infolge seines gewaltsamen Todes im Jahr 1985 führte die unklare Nachfolgeregelung erstmals zur Spaltung der Organisation: Während der Pakistaner *Qārī Saifullāh Aḫtar* den Platz von *Iršād Aḥmad* als Anführer der HuJI übernahm, gründete *Maulānā Fażlurreḥmān Ḫalīl* (nicht zu verwechseln mit *Maulānā Fażlurreḥmān*, dem Sohn von *Muftī Maḥmūd*) mit der *Ḥarkat ul-Muǧāhidīn* (HuM) einen eigenen Kampfverband. Rund zwei Jahre nach Ende des sowjetisch-afghanischen Krieges verlor die HuJI abermals einen Teil ihrer Anhänger, die sich der Splittergruppe *Ǧamāʿat ul-Muǧāhidīn* (JuM) unter dem Kommando von *Maulānā Muẓaffar Kašmīrī* anschlossen.[363]

Trotz heftiger Rivalitäten untereinander wiesen die meisten der Deobandi-Kämpfer mit ihrer Fixierung auf den *ǧihād* im IAK und der Nähe zu *b. Lādin* zwei deutliche Parallelen auf. So gilt *Qārī Saifullāh Aḫtar* aufgrund seiner persönlichen Verbindungen zu dem saudischen Dschihadisten als Schlüsselfigur des 1996 vereinbarten Bündnisses zwischen *al-Qāʿida* und *Mullā ʿOmar*, während *Fażlurreḥmān Ḫalīl* zu den Mitunterzeichnern der 1998 von *b. Lādin* verbreiteten *fatwā* gegen die USA gehört.[364] Dass der Schulterschluss mit den „arabischen Afghanen" dabei durchaus auch auf ideologischen Überschneidungen beruht, lässt sich zwar anhand einer Vielzahl von Aussagen aus dem Umfeld verschiedener militanter Deobandi-Gruppen nachweisen. Dennoch wäre ein direkter Vergleich der Bewegungen allein aufgrund ihrer instabilen Organisationsstrukturen wenig hilfreich. Da die geistig-konzeptionelle Prägung zahlreicher pakistanischer Extremisten jedoch oft auf einer gemeinsam durchlaufenen Erziehung an bestimmten theologischen Hochschulen beruht, widmet sich der folgende Abschnitt der Untersuchung spezifischer Lehrinhalte an einem der größten und einflussreichsten Zentren des Deobandi-Islam auf dem indischen Subkontinent – dem 1951 in Karatschi gegründeten *Dār ul-ʿUlūm Islāmīya*.

Ein Großteil der rund 5000 Studienplätze der auch unter dem Na-

---

363 N. Howenstein: The Jihadi Terrain in Pakistan, S. 23.

364 Arabisch: فتوى „Rechtsgutachten". Aufgrund mangelnder Kenntnisse islamischer Jurisprudenz ist *b. Lādin* streng genommen nicht befugt, eine solche *fatwā zu erstellen.* Vgl. R. Elger (Hrsg.): Kleines Islam-Lexikon, S. 101, vgl. G. Kepel/J-P Milelli: Texte des Terrors, S. 89.

men *Binori-Mosque* bekannten Hochschule wird dabei von afghanischen und pakistanischen Paschtunen aus der NWFP oder den FATA belegt. Die Finanzierung des Zentrums und der mit ihm verbundenen Koranschulen hingegen wird größtenteils von Deobandi-Anhängern in Saudi-Arabien, den Vereinigten Staaten, Großbritannien, Frankreich, Deutschland und der Schweiz getragen.[365]

8.2 Pakistans Koranschulen: Die Wurzel allen Übels?

Angesichts einer bis ins Hochmittelalter zurückreichenden Gelehrtentradition wird das vor allem über westliche Medien verbreitete Bild islamischer *madāris* als Brutstätten eines radikalen und menschenverachtenden Weltbilds in weiten Teilen der Wissenschaft zu Recht kritisiert. Zudem vertreten zahlreiche renommierte Forscher die Auffassung, dass ein direkter Zusammenhang zwischen islamistisch motiviertem Terrorismus und dem Besuch von Koranschulen nicht nachweisbar ist. So verwies *Olivier Roy* bereits 2004 auf die in säkularen Institutionen erfolgte Bildung einiger 9/11-Attentäter: „None (except for the Saudis) was educated in a Muslim religious school and [*Ziyād*] Jahrrah even attended a Lebanese Christian School. Most of them studied technology, computing, or town planning as the world trade center pilots had done."[366] Obwohl dieses Argumentationsmuster angesichts der Tatsache, dass lediglich vier der 19 Terroristen nicht aus Saudi-Arabien stammten, kaum überzeugt, schlossen sich auch *Peter Bergen* und *Swati Pandey* seiner These an.[367]

Dabei kam ihre Studie zum Bildungshintergrund von 75 zwischen 1993 und 2005 in Attentate auf westliche Ziele in den Vereinigten Staaten, Tansania, Kenia, Indonesien und Großbritannien verwickelten Terroristen zu dem Schluss, dass lediglich elf Prozent von ihnen Koranschulen besucht hatten.[368] In diesem Zusammenhang wurde der

---

365 A. Mir: Talibanisation of Pakistan, S. 108.

366 Siehe T. Rahman: Madrasas: The potential for violence in Pakistan?, in: J. Malik, Madrasas in South Asia, Teaching Terror? London/New York, 2008, S. 77.

367 Official: 15 of 19 Sept. 11 hijackers were Saudi, in: USA Today, 02.06.2002, (www.usatoday.com).

368 Zudem hatte eine knappe Mehrheit von immerhin 54 Prozent an säkularen

eingeschränkte Zugang zu klassischen *madāris* für die teils im Westen aufgewachsenen Attentäter zwar nicht berücksichtigt. Dennoch kam auch der pakistanische Autor *Ṭāriq Reḥmān* zu dem Ergebnis, dass zumindest im Falle der JI ein Großteil der militanten Kader innerhalb des staatlichen Bildungssystems erzogen wurde.[369] Andererseits offenbarte seine Untersuchung zum Weltbild junger Pakistanis einen starken Zusammenhang zwischen einer Befürwortung von Gewalt und dem Besuch von *madāris*. Dabei stellten die Koranschüler nicht nur die intoleranteste Gruppe unter den Befragten, die sich strikt gegen die rechtliche Gleichstellung von Muslimen und Nichtmuslimen aussprachen. Auch befürworteten sie eine aggressive pakistanische Außenpolitik und erachteten verdeckte Operationen gegen Indien mehrheitlich als legitim.[370]

Dass einzelne Hochschulen tatsächlich als Schlüsselkomponenten der dschihadistischen Infrastruktur Pakistans fungieren, lässt sich unter anderem durch die Karrieren ehemaliger Absolventen der *Binori-Mosque* belegen. Während das Institut seit über 50 Jahren die Speerspitze bei der Bekämpfung von *Aḥmadīya*- und *Šīʿa*-Gemeinden in Pakistan bildet, hat sie vor allem in jüngster Zeit eine Reihe hochkarätiger Dschihadistenführer hervorgebracht. Dazu gehören neben dem HuJI-Chef *Qārī Saifullāh Aḫtar* und dem HuM-Führer *Fażlurreḥmān Ḫalīl* auch der spätere Anführer der *Sipāh-e Ṣaḥāba Pākistān* (SSP) *Maulānā ʿAzzām Ṭāriq*.[371] Ein weiterer berüchtigter Schüler der *Binori-Mosque* ist der bereits erwähnte Gründer der *Ǧaiš-e Moḥammed* (JeM), *Maulānā Moḥammed Masʿūd Azhar*, dessen Schriften sich in besonderer Weise für die Untersuchung des zeitgenössischen Deobandismus in Pakistan anbieten. Obwohl sich anhand des vorliegenden Quellenmaterials lediglich eine Facette der militanten Denkschule analysieren lässt, kann das von ihm propagierte Dschihadverständnis durchaus als exemplarisch für die innerhalb seiner ehemaligen Ausbildungs- und

---

Hochschulen studiert. Vgl. P. Bergen/S. Pandey: The Madrassa Scapegoat, in: The Washington Quarterly, 01.03.2006, (www.newamerica.net).

369 T. Rahman: Madrasas: The potential for violence in Pakistan?, S. 79.

370 Ebd., S. 74.

371 A. Mir: Talibanisation of Pakistan, S. 107.

Wirkstätte verbreitete Lehrmeinung gelten. So war der Mentor von *Mas'ūd Azhar* kein Geringerer als der Leiter des Instituts, *Muftī Niẓāmuddīn Šamzai*, der ebenfalls zum Gründungszirkel der JeM zählt.[372]

Vor seinem rasanten Aufstieg jedoch hatte *Mas'ūd Azhar* mit dem sogenannten *dars-e niẓāmī* zunächst das für fast alle religiösen Seminare Pakistans typische Curriculum durchlaufen. Entwickelt von dem 1748 verstorbenen islamischen Philosophen und Rechtsgelehrten *Mullā Niẓāmuddīn Sihalwī* aus Lucknow, umfasste es rund zwanzig Studienfächer, die sich in traditionelle (*al-'ulūm an-naqlīya*) und vernunftgeleitete (*al-'ulūm al-'aqlīya*) Wissenschaften gliederten.[373] Während sich neben *Ahl-e Ḥadīṯ*- und JI-Anhängern auch die Schule von Deoband an dessen Lehrplänen orientierte, modifizierten die unterschiedlichen Strömungen diese entsprechend der Eigenarten ihres jeweils spezifischen Islamverständnisses. Grundsätzlich gilt dabei, dass nur rund die Hälfte der Fächer während der im Schnitt achtjährigen Ausbildung zum *'ālim* einen direkten religiösen Bezug aufweisen.[374] Noch heute basiert das seit dem 18. Jahrhundert kaum veränderte *dars-e niẓāmī* dabei im Wesentlichen auf den Erkenntnissen mittelalterlicher Gelehrter. So reichen die im Unterricht verwendeten mathematischen Werke bis ins 14. Jahrhundert, im Falle der medizinischen Schriften sogar bis ins 11. Jahrhundert n. Chr. zurück.[375]

Parallel zum Studium bestand für die Schüler die Möglichkeit, an paramilitärischen Kursen teilzunehmen, wobei die HuM bereits während der Achtzigerjahre Schüler der *Binori-Mosque* für den *ǧihād* in Afghanistan rekrutierte. Dies betraf auch den 1968 im pakistanischen Bahawalpur geborenen *Mas'ūd Azhar*, der seine Ausbildung zum *'ālim* im Alter von zwanzig Jahren unterbrach, um sich dem Kampf gegen die

---

372 Ebd.

373 C. Fair: The Madrassah Challenge, S. 51.

374 Die weltlichen Themenbereiche wie Medizin, Mathematik, Astronomie, Geschichte, Philosophie, Verslehre und Polemik sollten die Schüler dabei in erster Linie auf administrative Tätigkeiten im Dienst der Mogulherrscher vorbereiten. Vgl. C. Fair: The Madrassah Challenge, S. 126.

375 Ebd., S. 54.

Sowjets anzuschließen.[376] Dennoch kehrte er Mitte 1989 an die *Binori-Mosque* zurück, wo er noch im selben Jahr sein Abschlussexamen bestand und fortan als Lehrer unterrichtete. Zeitgleich gründete er die Zeitschrift *Ṣadā-e Muǧāhid*, die in einer kleinen Auflage von 2000 Exemplaren größtenteils kostenlos bei öffentlichen Veranstaltungen und Freitagsgebeten verteilt wurde.[377] Ein weitaus größeres Publikum hingegen erreichte er durch seine überaus schrillen Predigten und die späteren Werke *Fażā'il-e ǧihād, Ma'raka* und *Tuḥfa-e sa'ādat*.[378] Bereits wenige Jahre nach seinem Abschluss war es ihm gelungen, bis zum Generalsekretär der HuM aufzusteigen. Als er Ende Januar 1994 mit einem gefälschten Reisepass nach Indien flog, um die noch immer fragilen Verbindungen zwischen der 1993 unter dem Namen *Ḥarkat ul-Ansār* (HuA) fusionierten HuJI und HuM zu festigen, galt er hochrangigen Deobandi-Führern längst als eines der vielversprechendsten Talente, das die *Binori-Mosque* jemals hervorgebracht hatte.[379]

Entsprechend groß war die Bestürzung, als er am 1. Februar 1994 in der Nähe von Srinagar von indischen Sicherheitskräften festgenommen wurde. So war die Entführung von drei britischen und einem amerikanischen Touristen aus einem Hotel in Neu-Delhi durch den damals noch weitgehend unbekannten Terroristen *Aḥmad 'Omar Šaiḫ* im Juli desselben Jahres bereits der zweite Versuch, *Mas'ūd Azhar* freizupressen. Zwar wurden die Geiseln am 31. Oktober 1994 befreit und die Kidnapper verhaftet, aber nach einer weiteren gescheiterten Entführung gelang es fünf pakistanischen Terroristen dann, eine Linienmaschine der Indian Airlines mit 176 Passagieren in ihre Gewalt zu bringen und nach mehreren Zwischenstopps in Indien, Pakistan und Dubai, am 25. Dezember 1999 in das von den *Ṭālibān* kontrollierte Kandahar umzuleiten. Sieben Verhandlungstage später stimmte Neu-Delhi schließlich dem Austausch der Geiseln gegen die Pakistani *Muštāq Aḥ-*

---

376 A. Mir: Talibanisation of Pakistan, S. 111.

377 Urdu: صدا مجاهد „Stimme des Gotteskriegers".

378 Urdu: فضائل جهاد „Die Tugenden des Dschihad", معرکه „Der Kampf", تحفه سعادت „Das Geschenk der Seligkeit", vgl. H. Haqqani: The Ideologies of South Asian Jihadi Groups, S. 22.

379 A. Mir: Talibanisation of Pakistan, S. 109.

med Zargār und *Mas'ūd Azhar* sowie den britischen Staatsangehörigen *Aḥmad 'Omar Šaiḫ* zu.[380]

Obwohl die HuA (die seit ihrer Ächtung durch das US-State Department im Jahr 1997 wieder unter dem Namen HuM auftrat) eine zentrale Rolle bei der Flugzeugentführung zugeschrieben wurde, verkündete *Mas'ūd Azhar* schon einen Monat nach seiner Freilassung den Austritt aus der Organisation und die Gründung der *Ǧaiš-e Moḥammed* (JeM).[381] Die Hoffnung zahlreicher Deobandi-Gelehrter, die paralysierenden Grabenkämpfe unter ihren Anhängern durch die Neugründung einer unbelasteten Organisation endlich beenden zu können, spielte dabei sicherlich eine entscheidende Rolle. So erhielt *Mas'ūd Azhar* auch Unterstützung aus den Reihen der extremistischen *Laškar-e Ǧhangwī* (LeJ) und der *Sipāh-e Ṣaḥāba Pākistān* (SSP), dessen Anführer *Maulānā Moḥammed Yūsuf Ludhiyānwī* gemeinsam mit *Muftī Niẓāmuddīn Šamzai* spätere Schlüsselpositionen in der JeM bekleiden sollte.[382] Zudem reiste *Mas'ūd Azhar* kurz nach seiner Freilassung nach Kandahar, um die Gründung der JeM mit den *Ṭālibān* abzustimmen und sich deren Unterstützung zu sichern.

Während die neue Organisation unter dem Zuspruch zahlreicher Autoritäten entsprechend schnell heranwuchs, verlor die HuM im selben Zeitraum massiv an Bedeutung. Diese Tatsache erweckte abermals den Verdacht, dass der ISI die Zersplitterung dschihadistischer Organisationen auch in diesem Fall gezielt vorantrieb, um die einzelnen Fraktionen im Kampf um Kaschmir besser kontrollieren zu können.[383] Tatsächlich hatte der Kannibalismus der JeM, die sich nach ihrer Gründung über ein dutzend Vertretungen der HuM im Punjab einverleibt hatte, zu erheblichen Spannungen zwischen beiden Organisationen geführt.[384] So endete die von vielen pakistanischen Deobandis ersehnte geschlossene Front gegen Indien auch unter der Führung von *Mas'ūd Azhar* in einer herben Enttäuschung. Nicht einmal ein Jahr nach der

---

380 Indian hijack drama over, in: BBC News, 31.12.1999, (news.bbc.co.uk).
381 N. Howenstein: The Jihadi Terrain in Pakistan, S. 28.
382 A. Rana: A-Z of Jehadi Organisations in Pakistan, S. 221.
383 A. Mir: Talibanisation of Pakistan, S. 93.
384 N. Howenstein: The Jihadi Terrain in Pakistan, S. 31.

JeM-Gründung entstand mit der *Ğamā'at ul-Furqān* die erste abtrünnige Splitterpartei. Trotz des formellen Verbots von *Mas'ūd Azhars* Organisation durch Islamabad im Januar 2002 und wachsender Kritik an seinem ausschweifenden Lebensstil blieb seine Autorität in Glaubensfragen weitgehend unangetastet. Noch heute gilt er wegen seiner ausgezeichneten Verbindungen zu *al-Qā'ida* und den *Ṭālibān*, der Verbüßung seiner sechsjährigen Haftstrafe in Indien und nicht zuletzt wegen seiner rhetorischen Fähigkeiten als einer der einflussreichsten zeitgenössischen Vordenker des militanten Deobandismus.

8.3 *Fażā'il-e ğihād: Mas'ūd Azhar* und die Tugend des Fanatismus

Die zur nachfolgenden Analyse genutzte Version des ursprünglich auf Urdu verfassten *Fażā'il-e ğihād* basiert auf der 1996 von der *Ahle Sunnah Wal Jamaat Publications* in Islamabad veröffentlichten englischsprachigen Übersetzung.[385] Angesichts der Rückkehr von *Mas'ūd Azhar* an die *Binori-Mosque* nach seinem kurzen Aufenthalt in Afghanistan im Jahr 1989 und seiner Verhaftung im Februar 1994 lässt sich die Entstehung der Originalquelle grob in den frühen Neunzigerjahren einordnen. Nach Angaben von Ḥ. Ḥaqqanī ist das rund 150 Seiten umfassende Buch dabei in weiten Teilen die Übersetzung eines klassischen Textes aus dem 13. Jahrhundert n. Chr. über den *ğihād* von dem arabischen Gelehrten *b. Naḥḥās*, der ein Schüler von *b. Taimīya* gewesen sein soll.[386] Ungeachtet der streng hanafitischen Tradition des Deobandi-Islam verweist *Mas'ūd Azhar* bei seiner gewaltverherrlichenden *ğihād*-Definition auf einen diesbezüglichen Konsens aller vier anerkannten sunnitischen Rechtsschulen. Dabei stützt er sich auf verschiedene *aḥādīṯ*, wobei er für die eigene Rechtsschule vermerkt: „Jihad means to be involved in fighting in the path of Allah by ones life, wealth and speech (al Bada'i Us Sana'i) [...] It is further explained to call unbelievers towards the true religion of Islam and to fight against

---

385 Der Verweis auf den Erscheinungsort beruht auf D. Holbrook: Using the Qur'an to Justify Terrorist Violence, S. 7.
386 H. Haqqani: The Ideologies of South Asian Jihadi Groups, S. 22.

them, if they are unwilling to accept this true religion (Fathul Qadeer).“[387] Gemäß der Auffassung *Azhars* kann sich kein Muslim dieser Interpretation verweigern: „Jihad is an ordained obligation (Fareedah). One who denies it is a Kafir. The obligation of Jihad has been clearly sustained in the Quran and Sunnah and by the Consensus of the Ummah (Ijma').“[388]

Anders als *Maudūdī*, aber in Übereinstimmung mit den Lehren von *Ḥāfiẓ Saʿīd*, unterscheidet auch *Masʿūd Azhar* zwischen zwei Arten des heiligen Krieges. Grundsätzlich folgt der offensive *ğihād* einer stufenweisen Eskalation, wobei die Aufforderung eines Übertritts zum Islam vor einem Angriff als vorteilhaft gilt: „If they reject this true faith, then they will have to pay Jizyah (Kufar tax). If they refuse to submit to the payment of Jizyah then the Muslims are to fight against them.“ Entsprechend der klassischen Lehrmeinung versteht auch *Azhar* den expansiven *ğihād* lediglich als kollektive Pflicht: „The offensive Jihad is Fard Kifayah, the purpose of which is to ensure that the kuffar remains terrorized [...] thereby allowing the message of Islam to be conveyed without any obstructions.“[389] Dabei weist er darauf hin, dass der Großteil der zu Lebzeiten des Propheten *Muḥammad* geführten Kriege in diese Kategorie fällt und beklagt dessen Vernachlässigung in der Gegenwart: „When Muslims neglect this important obligation, then they are subjected to the defensive Jihad and this has become, with regret, widely common in our time.“[390]

Dennoch führt der Autor bestimmte von frühislamischen Konflikten abgeleitete Bedingungen an, die erfüllt sein müssen, um den Verteidigungs-*ğihād* zur persönlichen Pflicht (*farḍ al-ʿain*) zu machen. Dazu zählt *Masʿūd Azhar* folgende Situationen: „a– When the unbelievers attack upon a country or city belonging to the Muslims or if they gain control of a Muslim country, b– when the unbelievers take Muslim captives, c– When a Muslim woman is held by the Kuffar, to

---

387 *M.* Azhar: The Virtues of Jihad (*Fażāʾil-e ğihād*), S. 7.
388 Ebd., S. 8.
389 Ebd.
390 Ebd., S. 9.

ensure her freedom is Fard upon the whole Muslim ummah, d- When the Imam (leader) of the Muslims orders the Muslims to go for Jihad, e- When the Kuffar and Muslims face each other in the battlefield and the battle takes place."[391] Dabei stützt er sich direkt auf *b. Taimīya*, den er mit folgenden Worten zitiert: „The defensive Jihad means to fight to defend our religion and our honor, it is the most important obligation [...] There is no condition for this Jihad, not even the necessities to travel or wealth, infact every individual will confront the enemy according to his ability."[392]

Das zentrale Element der von *Mas'ūd Azhar* vertretenen Islaminterpretation beruht somit auf der festen Überzeugung, dass sich der bewaffnete *ǧihād* noch vor allen anderen religiösen Tugenden als wichtigste Pflicht der Gläubigen in *qur'ān* und *sunna* manifestiert. Der Abstieg der *umma* von einer zur Zeit *Muḥammads* militärisch expansiven Macht begann demnach mit der Vernachlässigung offensiver Kriegführung, wodurch die Muslime im Laufe der Jahrhunderte die Initiative verloren, um schließlich gänzlich zum wehrlosen Opfer zu verkommen – unfähig oder unwillig, den Feinden des Islam die Stirn zu bieten. Nach dieser Lesart bietet die JeM vor allem jungen Muslimen die Möglichkeit, ihre verlorene Würde durch die Anwendung religiös legitimierter Gewalt wiederherzustellen: „The existence and honor of Islam lies in Jihad."[393] Die dramatischen Folgen der Verweigerung der individuellen Pflicht zum defensiven *ǧihād* werden dabei nur allzu deutlich hervorgehoben: „Muslims these days bring up their children unprepared [...] The consequence is that the kuffars are free to assault the Muslims, brutally shed their blood and mercilessly rape their women. They continue to destroy our Mosques and Madressahs, determined to wipe out the name of Islam."[394]

Dem gegenüber steht die ins Extrem getriebene Glorifizierung des heiligen Krieges, die sich wie ein roter Faden durch *Faẓā'il-e ǧihād*

---

391 M. Azhar: The Virtues of Jihad (*Faẓā'il-e ǧihād*), S. 9.
392 Ebd.
393 Ebd., S. 70.
394 Ebd., S. 50.

110

zieht. Während die meisten muslimischen Theologen die fünf Säulen des Islam mit dem Glaubensbekenntnis (*šahāda*), dem fünfmaligen Gebet (*salāt*), der Almosensteuer (*zakāt*), dem Fasten im Ramadan (*saum*) und der Pilgerfahrt nach Mekka (*haǧǧ*) als vollständig betrachten, relativiert *Azhar* deren Bedeutung anhand eines *hadīt* aus der *hadīt*-Sammlung *Kanz al-'ummāl*. In diesem wird dem Prophetengefährten *'Umar b. al-Hattāb* folgende richtungweisende Aussage zugeschrieben: „[...] Perform Haj as this is a good deed, Allah has ordained us to perform Haj and Jihad is even better.“[395] Als Beispiel hierfür dient auch die militärische Karriere *Mohammeds* selbst, der nach Angaben von *Mas'ūd Azhar* persönlich an 27 Schlachten teilnahm und seine Mitstreiter sogar über 50 mal auf Feldzüge entsandte – wobei der persönliche Nutzen keine Rolle gespielt haben soll: „His [*Muhammads*] divine mission was to prevail Islam over all Religions and the only way to achieve this was through Jihad.“[396]

Auch im *Qur'ān* selbst sieht *Mas'ūd Azhar* die überragende Rolle des heiligen Krieges vollkommen bestätigt, da der Ausdruck *ǧihād fī sabīl Allāh* im heiligen Buch der Muslime allein 26 mal erwähnt werde, während das Wort *qitāl* (Kampf) im Kontext eines militärischen Streitens für Gott sogar an 79 Stellen zu finden sei: „There is consensus of opinion amongst researchers of the Quran, that no other particular action has been stated in such great detail as Jihad [...] There is such great emphasis of this subject, that some commentators and scholars of the Quran have remarked that the topic of the Quran is Jihad.“[397] Vor diesem Hintergrund wirbt *Mas'ūd Azhar* nicht nur für eine vollständige Entgrenzung des bewaffneten Kampfes: „Worldwide revolution and the spreading of Islam has been mentioned through Jihad [...] it is solely for this reason, that the kuffars conspire to keep the Muslims away from understanding the Quran, knowing that Muslims who understand the Quran will not distance themselves from Jihad.“[398]

---

395 M. Azhar: The Virtues of Jihad (*Fażā'il-e ǧihād*), S. 20.
396 Ebd., S. 34.
397 Ebd.
398 Ebd., S. 12.

Auch fordert er von seinen Glaubensbrüdern eine über den eigenen Tod hinausgehende völlige Selbstaufgabe und Opferbereitschaft: „Today the Muslims have the opportunity to choose the path of Jihad and gain the sweet death of Shahada by sacrificing the very basic joy of this world [...] We may then be able to express ourselves in Paradise in front of Allah [...] in this manner: Oh Allah, return us back to the world so we may be shaheed [Märtyrer] in your path a hundred times."[399]

Die fast vollständige Gleichsetzung der Botschaft *Muḥammads* mit der Aufforderung zum Krieg untermauert *Masʿūd Azhar* zusätzlich mit dem Verweis auf unzählige *aḥādīṯ*: „Allah commanded his beloved Prophet Mohammad to fight and to urge the believers to fight. The holy prophet fulfilled these duties completely. For this reasons there are thousands of Ahadith of the prophet regarding Jihad."[400] Dabei preist *Masʿūd Azhar* auch zeitgenössische Extremisten als wichtige Inspirationsquellen, wobei er den Gläubigen insbesondere die Schriften von *ʿAbdullāh ʿAzzām* ans Herz legt: „The outstanding work done in our era on the topic of Jihad is by Shaheed Abdullah Azzam [...] It appears Allah has chosen this person for the revival of this forgotten obligation. His writings and speeches are derived from good knowledge and faith [...] All Muslims should benefit from the books of this great scholar and writer [...]."[401] Darüber hinaus finden sich unter den zahlreichen über das Internet abrufbaren Predigten von *Masʿūd Azhar* auch Solidaritätsbekundungen mit *b. Lādin*, der ihm als „[...] unser Bruder, [...] unser Sohn, [...] ein [wahrer] Muslim [und] Prinz Arabiens" gilt.[402]

Während die Rechtfertigung des Kampfes gegen Indien in seinem Werk *Maʿraka* tatsächlich in weiten Teilen auf den Argumenten des Saudis aus den so genannten „Kriegserklärungen gegen die Amerikaner" von 1996 und 1998 beruht, sind die Gunstbezeugungen auch aus

---

399 Ebd., S. 43.

400 M. Azhar: The Virtues of Jihad (*Faẓāʾil-e ǧihād*), S. 43.

401 Ebd., S. 16.

402 Audiomitschnitt einer Predigt *Masʿūd Azhars*, Minute 00:30-00:35, Vgl. urdu dars usama bin laden by masood azhar nasheed, in: Pakistan News, (www.pakistan.tv).

einem weiteren Grund kaum verwunderlich: So soll *al-Qāʿida* die verschiedenen Organisationen von *Masʿūd Azhar* finanziell unterstützt haben.[403] Auch wenn *Fażāʾil-e ğihād* als das mit einer Auflage von angeblich 20 000 verkauften Exemplaren am weitesten verbreitete Werk *Masʿūd Azhars* nur äußerst vage auf die tatsächliche Stoßrichtung des von ihm propagierten *ğihād* eingeht, lassen sich anhand der geistig-konzeptionellen Verbindungen zu *ʿAbdullāh ʿAzzām* und *b. Lādin* durchaus Rückschlüsse auf die Bejahung eines weltweiten *ğihād* ziehen, in der die Befreiung Kaschmirs nur den ersten von vielen Schritten zur Errichtung einer gottgefälligen Herrschaft bildet.[404]

So verkündete *Masʿūd Azhar* nach seiner Rückkehr aus der indischen Gefangenschaft vor der Zentralmoschee in Karatschi am 5. Januar 2000 vor Tausenden von Zuhörern: „I have come here because it is my duty to tell you that Muslims should not rest in peace until we have destroyed America and India."[405] Inwiefern die obligatorischen Drohungen tatsächlich mit den strategischen Zielen der JeM und ihren Stellvertreterorganisationen korrespondieren, soll der folgende Überblick über ihre Dschihadpraxis aufzeigen.

8.4 *Ğihād* im Angesicht des Feindes: Der Bruch mit Islamabad

Am 19. April 2000, kaum zwei Monate nach Gründung der JeM, sprengte sich der siebzehnjährige Schüler *Afaq Aḥmad Šah* mit seinem Fahrzeug im Bereich des Haupttors des *Badami Bagh Cantonment* in der Nähe von Srinagar in die Luft.[406] Der Angriff auf die Nachschubbasis der indischen Armee gilt als eines der frühesten Beispiele für den Einsatz von Selbstmordattentätern in Kaschmir überhaupt und zugleich als erste von *Masʿūd Azhar* angeordnete Operation seit seiner

---

403 H. Haqqani: The Ideologies of South Asian Jihadi Groups, S. 23.
404 H. Haqqani: The Gospel of Jihad, in: Foreign Policy, 01.09.2002, (www.foreignpolicy.com).
405 Z. Hussain: Freed Militant Surfaces, in: abc News.com, 05.01.2000, (abcnews.go.com).
406 S. Ramachandran: Child Soldiers: Easy to train, willing to kill, in: Asia Times, 19.12.2003, (www.atimes.com).

Freilassung.[407] In den folgenden eineinhalb Jahren verübten seine Anhänger mindestens zwei weitere Selbstmordanschläge in Srinagar, darunter auch auf den Sitz der indischen Verwaltung am 1. Oktober 2001.[408] Obwohl sich die JeM zunächst zu dem Attentat bekannte, lehnte sie kurz darauf jegliche Verantwortung für die Tat ab – angesichts der veränderten weltpolitischen Lage nach den Attacken auf New York und Washington möglicherweise auf Drängen Islamabads.

Dennoch ereignete sich mit dem Angriff auf das indische Parlamentsgebäude in Neu-Delhi am 13. Dezember 2001 nur wenige Wochen später erneut ein schwerwiegender Terroranschlag, in dessen Folge Indien und Pakistan rund eine Millionen Soldaten entlang der gemeinsamen Grenze in Stellung brachten.[409] Zeitgleich löste sich die JeM formell auf, um unter dem Namen *Ḫuddām ul-Islām* erneut in Erscheinung zu treten. Noch vor Jahresende setzte das US State Department beide Organisationen auf eine Liste internationaler Terrorgruppen. Am 29. Dezember 2001 nahmen pakistanische Sicherheitskräfte *Masʿūd Azhar* wegen seiner mutmaßlichen Verwicklung in die Angriffe auf das indische Parlament fest, die von ihm geführten Einrichtungen wurden erstmals landesweit verboten.[410]

Aufgrund der in der Vergangenheit engen Abstimmung der Operationen seiner Kämpfer mit staatlichen Sicherheitsorganen galt der Dschihadistenführer diesen jedoch weiterhin als vertrauenswürdig.[411] Nach Angaben von *ʿAbdullāh Šah Mazar*, einem engen Vertrauten des Abtrünnigen *Ğamāʿat ul-Furqān*-Gründers *ʿAbdulğabbār*, versteht sich die Zersplitterung der JeM vor eben diesem Hintergrund: „Our main difference with Masood Azhar was that he deviated from the cause of Jehad while the organisation was ostensibly created for waging Jehad to liberate occupied Kashmir. Unlike his masters in the pakistani intel-

---

407 S. Ramachandran: Suicide, just another way to fight in Kashmir, in: Asia
     Times, 24.07.2002, (www.atimes.com).
408 A. Mir: Talibanisation of Pakistan, S. 94.
409 S. Mentschel: Indiens Außenpolitik: Einführung und Überblick, in: Bundeszentrale für politische Bildung, (www.bpb.de).
410 N. Howenstein: The Jihadi Terrain in Pakistan, S. 32.
411 A. Mir: Talibanisation of Pakistan, S. 99.

ligence agencies, we are not ready to compromise Jehad for the sake of funds."[412] Trotz erheblicher Widerstände innerhalb der JeM enthielt sich *Mas'ūd Azhar* auch nach seiner Verhaftung vorerst jeglicher Kritik an *Perwêz Mušarraf*, setzte die Kooperation mit dem ISI fort und ging Anschlägen auf westliche Ziele in Pakistan weiterhin aus dem Weg.[413]

Die mutmaßliche Beteiligung der JeM an der Ermordung *Daniel Pearls* im Januar 2002 scheint dieser Praxis zwar auf den ersten Blick zu widersprechen. Angesichts dessen Recherchen zu den Verbindungen zwischen pakistanischen Extremisten und dem ISI erschöpften sich die Motive für seine brutale Hinrichtung jedoch keinesfalls in dem religiös begründeten Hass seiner Mörder.[414] So hatte der Reporter erst kurz vor seinem Tod einen Artikel im *Wall Street Journal* eingereicht, wonach die vom ISI gestützte JeM trotz anders lautender Behauptungen Islamabads noch aktiv war und weiterhin Büros und Bankverbindungen unterhielt.[415] Seine Enthauptung vor laufender Kamera verbreitete somit nicht nur die Botschaft der Terroristen, dass Amerikaner und Juden aufgrund der Regierungspolitik ihrer Länder von nun an nirgendwo auf der Welt mehr sicher seien.[416] Auch die öffentliche Stellungnahme *Perwêz Mušarrafs* am 22. März 2002 hinterließ den bitteren Beigeschmack einer kaum versteckten Warnung vor investigativen Recherchen im Umfeld des militanten Islamismus in Pakistan: „Daniel Pearl had come from Mumbai and made intrusions into the areas

---

412 Ebd.

413 N. Howenstein: The Jihadi Terrain in Pakistan, S. 31.

414 In dem unter dem Titel *Ḏabḥ aṣ-ṣaḥafī al-ǧāsūs Dānyāl Bīrl al-yahūdī* (Die Schlachtung des jüdischen Journalisten-Spions Daniel Pearl) veröffentlichten Enthauptungsvideo nimmt die Abstammung der Geisel eine zentrale Rolle ein. Vgl. hierzu *Mas'ūd Azhar*: "The jews are the worst enemies of islam, from the holy prophets (saw) era to our era [...] he explained the virtue and glad tidings of fighting against the jews", Vgl. M. Azhar: The Virtues of Jihad (*Fażā'il-e ǧihād*), S. 115.

415 A. Mir: Talibanisation of Pakistan, S. 130.

416 *Al-Ḥarakat al-Waṭanīya l-Isti'ādat Siyāda Pākistān* (Bewegung zur Wiedererlangung der pakistanischen Souveränität): *Ḏabḥ aṣ-ṣuḥufī al-ǧāsūs Dānyāl Bīrl al-yahūdī* (Die Schlachtung des jüdischen Journalisten-Spions Daniel Pearl), Minute 01:10-01:30, 25.02.2002, (www.wretch.cc).

which are dangerous and he should have avoided it [...] a foreign journalist should be aware of the perils of getting into dangerous areas.
Unfortunately however, he got over-involved."[417]

Nach Ansicht des französischen Autors *Bernard-Henri Lévy* hatte
sich die nebulöse Liäson von Geheimdienstangehörigen und einheimischen Terrorgruppen zu diesem Zeitpunkt längst zu einer eigenständigen Parallelstruktur innerhalb des Staatsapparats entwickelt: „Daniel
Pearl a été enlevé puis assassiné par des groupes islamistes manipulés,
certes, par une frange des services – la plus radicale, la plus violente, la
plus antiaméricaine [...]."[418] Obwohl der Hinweis auf die Kooperation
an sich nicht neu ist, gilt die Ermordung *Pearls* dennoch als entscheidende Zäsur. So bestätigten die von US-amerikanischen und pakistanischen Behörden veröffentlichten gemeinsamen Ermittlungsergebnisse
nicht nur die enge Verzahnung des ISI mit pakistanischen Dschihadisten in Afghanistan und Kaschmir – ein Umstand, auf den lokale und
internationale Medien seit Jahren hingewiesen hatten.[419]

Vor allem das *Wall Street Journal* trieb die Spekulationen über die
strategischen Operationen des mit US-amerikanischer Hilfe aufgebauten Geheimdienstes rasch in schwindelerregende Höhen. Dabei griff
das Magazin die schon im Oktober 2001 von der britischen BBC verbreiteten Informationen über Geldtransfers zwischen *Aḥmad ʿOmar
Šaiḫ* und dem Kopf der Hamburger Terrorzelle, *Muḥammad ʿAṭṭā*, erneut auf:[420] „The FBI's examination of the hard disk of the cell phone
company Omar Sheikh had subscribed to led to the discovery of the
link between him and the deposed chief of the ISI, Lt Gen Mahmood
Ahmed. US Authorities sought General Mahmood Ahmeds removal
after confirming the fact that $ 100 000 was wired to WTC hijacker
Mohammed Atta from Pakistan by Omar Sheikh at the instance of
none other than General Mahmood."[421] Während der Geheimdienstchef

---

417 A. Mir: Talibanisation of Pakistan, S. 128.
418 B.-H. Lévy: *Qui a tué Daniel Pearl?*, Paris, 2003, S. 325.
419 A. Mir: Talibanisation of Pakistan, S. 128.
420 Bin Laden's 'cash link' to hijackers, in: BBC News, 01.10. 2001, (news.bbc.
     co.uk).
421 Siehe A. Mir: Talibanisation of Pakistan, S. 128.

bereits einen Monat nach dem Erscheinen des BBC-Artikels sein Amt niedergelegt hatte, wurde *Aḥmad ʿOmar Šaiḫ* am 15. Juli 2002 für seine mutmaßliche Schlüsselrolle bei der Ermordung *Daniel Pearls* zum Tode verurteilt. Für die vom FBI erhobenen schweren Anschuldigungen musste sich bislang keiner von beiden vor Gericht verantworten.[422] Ohnehin hat sich der ISI mehrfach darum bemüht, *ʿOmar Šaiḫ* vor öffentlichen Ermittlungen abzuschirmen. So ließ zum Beispiel die Polizeibehörde von Karatschi Informationen an die Presse durchsickern, wonach der ISI sämtliche ihrer Versuche, gegen ihn zu ermitteln, blockiert habe.[423]

Obwohl die öffentliche Aufarbeitung des Mordes Islamabad dazu zwang, seine pro-dschihadistische Kaschmirpolitik vorläufig einzustellen, begegnete das Militärregime der offiziell verbotenen JeM weiterhin mit Nachsicht. Dies zeigte sich unter anderem im Herbst 2002, als ihre Anhänger unter Verdacht gerieten, in eine Reihe von Sprengstoffanschlägen auf christliche Kirchen in Islamabad, Muree und Taxila verwickelt zu sein. Mit der umgehenden Bezichtigung der abtrünnigen *Ǧamāʿat ul-Furqān* gelang es *Masʿūd Azhar* mühelos, jegliche Beteiligung von sich zu weisen. Bereits wenige Wochen nachdem das *Lahore High Court* seinen Fall neu aufgerollt hatte, verließ er das Gericht am 14. Dezember 2002 als freier Mann.[424] Auch das Ersuchen der *International Criminal Police Organisation* (Interpol), *Masʿūd Azhar* und *Aḥmad ʿOmar Šaiḫ* wegen ihrer mutmaßlichen Beteiligung an der Entführung der Air India Maschine von 1999 und der Enthauptung *Daniel Pearls* vernehmen zu dürfen, lehnte Islamabad ungeachtet massiven außenpolitischen Drucks ab.[425]

---

422 M. Meacher: The Pakistan connection, in: The Guardian, 22.07.2004, (www.theguardian.co.uk).

423 Zudem soll sich *ʿOmar Šaiḫ* bereits eine Woche vor der offiziellen Verhaftung persönlich einem seiner ehemaligen ISI-Führungsoffiziere gestellt haben. Vgl. C. Lamb: 'Nurseries of terror' surge in Pakistan, in: The Sunday Times, 30.03.2003, (www.thesundaytimes.co.uk).

424 A. Mir: Talibanisation of Pakistan, S. 95.

425 Dabei verwiesen die Behörden auf die rechtskräftige Verurteilung *Aḥmad ʿOmar Šaiḫs*, während eine mögliche Verwicklung *Masʿūd Azhars* in die Vorgänge gänzlich abgestritten wurde. Vgl. A. Mir: Talibanisation of Pakistan, S. 96.

Erst als *Perwêz Mušarraf* im Dezember 2003 in Rawalpindi innerhalb von nur elf Tagen zwei Selbstmordattentate auf den Präsidentenkonvoi er- und überlebte, fand die Geduld gegenüber den militanten
Kräften Pakistans ein vorläufiges Ende.[426] Da *Aiman aẓ-Ẓawāhirī* bereits am 28. September 2003 per Audiobotschaft zum Sturz des Gene-
rals aufgerufen hatte, richteten sich die nun folgenden Verhaftungs-
wellen gegen nahezu sämtliche mit *al-Qāʿida* in Verbindung stehenden
Gruppierungen. Im Falle der JeM belasteten ihre Kontakte zu einem
der Selbstmordattentäter, *Moḥammed Ǧamīl*, das langjährige Vertrau-
ensverhältnis zur Staatsführung bis aufs Äußerste.[427] Zwar verkündete
Masʿūd Azhar aus dem Untergrund, dass die *Ǧamāʿat ul-Furqān* den
23-Jährigen noch vor dem Angriff abgeworben hätte.[428] Dennoch
erklärte der ehemalige ISI-General und enge Vertraute *Mušarrafs*,
Ǧawêd Ašraf Qāzi, im März 2004 gegenüber der Zeitung *Daily Times*:
„We must not be afraid of admitting, that the Jaish-e Mohammed was
involved in the deaths of thousands of innocent kashmiri Muslims, in
the bombing of the indian parliament, in Daniel Pearls murder and in
attempts on Musharraf's life."[429]

Tatsächlich folgte den ungewöhnlich deutlichen Vorwürfen die
Versiegelung sämtlicher JeM-Büros sowie die Verhaftung hunderter
Anhänger, woraufhin sich die Organisation in die Stammesgebiete der
Kurram- und Orakzai-Agencies (FATA) zurückzog.[430] Trotzdem geriet
die Gruppe im Juli 2005 erneut in die Schlagzeilen, als britische Ermittler bekannt gaben, dass die Terroristen *Šazad Tanwīr* und *Ṣiddīq Ḫān*
wenige Monate vor den Londoner 7/7 Anschlägen mit dem JeM-
Sprengstoffexperten *ʿOmar Nazīr* in Faisalabad zusammengetroffen
waren.[431] Die Schwierigkeiten, anhand derartiger Indizien eine syste-

---

426 S. Masood: Pakistani Leader Escapes Attempt at Assasination, in: The New
   York Times, 26.12.2003, (www.nytimes.com).
427 A. Mir: Talibanisation of Pakistan, S. 97.
428 A. Waldman: The Tightrope Is Fraying Under the President of Pakistan, in:
   The New York Times, 30.12.2003, (www.nytimes.com).
429 A. Mir: Talibanisation of Pakistan, S. 95.
430 M. Abou Zahab: Unholy Nexus, S. 3.
431 Ebd.

matische Beteiligung der Dschihadisten nachzuweisen, zeigten sich auch bei der Festnahme des in Birmingham aufgewachsenen Briten *Rašīd Ra'ūf* am 9. August 2006 in Bahalwapur, beziehungsweise Islamabad.[432] Als Schwager eines der jüngeren Brüder von *Mas'ūd Azhar* verfügte dieser zwar nachweislich über familiäre Bindungen in die Führungsspitze der Organisation,[433] doch auch in seinem Fall distanzierte sich die JeM nach einem altbekannten Muster von dem Verdächtigen, wobei der Vater von *Mas'ūd Azhar* gegenüber der pakistanischen Zeitung *Dawn* angab: „He [*Ra'ūf*] was a member of our group but later he deserted us and joined the Jamaatul Furqan, led by [...] Maulana Abdul Jabbar."[434]

Obwohl London im Zusammenhang mit den im August 2006 vereitelten Anschlägen auf mehrere Transatlantikflüge auf der Auslieferung von *Rašīd Ra'ūf* beharrte, ließen pakistanische Gerichte die Anklage gegen ihn am 13. Dezember 2006 aus Mangel an Beweisen fallen. Nur zwei Tage später verlor sich seine Spur unter mysteriösen Umständen. Nach offizieller Darstellung lokaler Behörden entkam er während seiner Verlegung ins Adiala-Gefängnis von Rawalpindi, als seine Bewacher ihm gestatteten, unbeaufsichtigt in einer auf dem Weg befindlichen Moschee zu beten.[435] Anderen Berichten zufolge soll der Einfluss des nach wie vor aktiven Führungszirkels der JeM eine zentrale Rolle bei der Flucht von *Rašīd Ra'ūf* gespielt haben.[436]

Tatsächlich lassen sich die Versuche einer schrittweisen Rehabilitierung der Organisation unter dem Kommando von *Muftī 'Abdurra'ūf*, dem jüngerem Bruder von *Mas'ūd Azhar* in eben diesem Zeitraum fest-

---

432 A. Mir verweist auf dessen Festnahme innerhalb der von der JeM betriebenen *Madrassa Madina* im Stadtteil Model Town in Bahalwapur, während sich der Vorgang nach. I. Cobain und R.N. Taylor in einem Reisebus südlich von Islamabad abspielte. Vgl. A. Mir: Talibanisation of Pakistan, S. 95, I. Cobain/ R.N. Taylor: Rashid Rauf: The al-Qaida suspect caught, tortured and lost, in: The Guardian, 08.09.2009, (www.guardian.co.uk).

433 A. Mir: Talibanisation of Pakistan, S. 100.

434 Ebd., S. 101.

435 I. Cobain/R.N. Taylor: Rashid Rauf, the al-Qaida suspect caught, tortured and lost, S. 2.

436 A. Mir: Talibanisation of Pakistan, S. 101.

machen.[437] Dessen taktierender Umgang mit pakistanischen Behörden zeigte sich unter anderem während der sechsmonatigen Besetzung der mitten in Islamabad gelegenen *Lāl Māsğid*. Ausgangspunkt des Konfliktes war der von den Brüdern *Maulānā ʿAbdulʿazīz Ġāzī* und *Maulānā ʿAbdurrašīd Ġāzī* initiierte Versuch, im Umfeld der Moschee die *šarīʿa* durchzusetzen, wobei ihre Schüler als religiöse Sittenwächter auf den umliegenden Märkten patrouillierten, öffentliche Gebäude besetzten und sogar Polizisten als Geiseln nahmen.[438] Zunächst hatte *Muftī ʿAbdurraʾūf* die Forderungen der Extremisten unterstützt, schloss seine im Gebäudekomplex verweilenden Anhänger jedoch kurz vor der Erstürmung der Moschee am 3. Juli 2007 aus der JeM aus.[439]

Dabei spricht vor allem die zeitweilige Rückkehr von *Masʿūd Azhar* ins Hauptquartier der Organisation nach Bahalwapur für das offensichtlich erfolgreiche diplomatische Geschick seines jüngeren Bruders. Die passive Haltung ortsansässiger Behörden beschrieb ein am 23. Juni 2008 in der Zeitschrift *The News* veröffentlichter Beitrag wie folgt: „Masood Azhar had converted his small house into a multi-stored concrete compound housing 700 armed men, who freely did target practice there. All this was located in a central part of the city, ironically called Model Town. The local police dared not to touch these men and instead of putting pressure on them [...] local politicians actually hired [them] as bodyguards during the general elections."[440] Obwohl Islamabad den JeM-Gründer knapp eine Woche nach dem Massaker von Mumbai unter Hausarrest stellte, gelang es ihm bereits am 13. Januar 2009 Bahalwapur zu verlassen und fünf Tage später in Südwaziristan unterzutauchen.[441]

---

437 M. Abou Zahab: Unholy Nexus: Talibanism and Sectarianism in Pakistan's "Tribal Areas", 06/2009, (www.humansecuritygateway.com), S. 3.

438 I. Talbot: Pakistan, A Modern History, S. 422.

439 A. Mir: Talibanisation of Pakistan, S. 104.

440 A. Bilal: Another Lal Masjid in the making?, in: The News, 23.06.2008, (ahmadb.freeshell.org).

441 Eine offizielle Stellungnahme der Behörden zum Verbleib von *Masʿūd Azhar* erfolgte hingegen erstmals im April 2009, wobei diese mitteilten, keinerlei Informationen über seinen Aufenthaltsort zu haben. Vgl. A. Mir: Talibanisation of Pakistan, S. 104.

8.5 Resümee

Die Furcht vor der Auslöschung der eigenen Religion durch eine aufsteigende, säkulare Kultur durchzieht sämtliche von *Mas'ūd Azhar* verfassten Bücher und den Großteil seiner Predigten.[442] Obwohl *Fażā'il-e ǧihād* auf das Erwachen der *umma* in bestimmten Ländern wie Algerien, dem Sudan, Tschetschenien und Afghanistan verweist und das weltumspannende Dschihadverständnis von *'Abdullāh 'Azzām* als richtungweisend anerkennt, finden sich in dem Werk weder Ansätze eigenständiger geostrategischer Visionen noch dezidiert politische Zielsetzungen. So fungiert *Fażā'il-e ǧihād* vor allem als Mittel der Indoktrination, wobei die schillernde Beschreibung der im Jenseits zu erlangenden Segnungen nach dem Märtyrertum einen Großteil des Werkes einnimmt. Auch das nach *Mas'ūd Azhars* Entlassung aus indischer Haft veröffentlichte Buch *Ma'raka* folgt dieser Ausrichtung und fordert junge Muslime explizit dazu auf, der ruhmreichen militärischen Tradition der Prophetengefährten durch einen Beitritt zur JeM nachzueifern.[443]

Darüber hinaus zieht das jüngere Werk jedoch auch historische Parallelen zwischen der britischen Kolonialherrschaft und der gegenwärtigen Präsenz als ungläubig gebrandmarkter Kulturen in Kaschmir und Afghanistan, wobei die Wiederherstellung muslimischer Souveränität zum existenziellen Überlebenskampf stilisiert wird.[444] Erst eine erfolgreiche Implementierung islamischer Vorherrschaft wäre demnach in der Lage, die in der Vergangenheit erlittene Verunreinigung durch fremde Dominanz wieder zu beheben.[445] Zwar liegt es auf der Hand, dass nach einem vollständigen Sieg über die Gegner des Islam in Südasien die Befreiung weiterer besetzter Territorien obligatorisch wäre – eine Tatsache, die *Mas'ūd Azhar* unlängst durch sporadische Aufrufe zum weltweiten *ǧihād* bekräftigt hat.[446] Daraus den Beginn einer trans-

---

442 H. Haqqani: The Ideologies of South Asian Jihadi Groups, S. 23.
443 Ebd.
444 N. Howenstein: The Jihadi Terrain in Pakistan, S. 29.
445 H. Haqqani: The Gospel of Jihad, S. 3.
446 H. Haqqani: The Ideologies of South Asian Jihadi Groups, S. 22.

nationalen Strategie ablesen zu wollen, wäre jedoch ebenso gewagt wie die Vorhersage einer gegenteiligen Entwicklung.[447]

Tatsächlich beeinträchtigen eine ganze Reihe von Faktoren eine Kategorisierung der JeM entlang strategischer Leitlinien. Als größtes Hindernis fallen dabei zunächst die starken neoplastischen Tendenzen innerhalb des zeitgenössischen pakistanischen Deobandi-Islam auf, die zuverlässige Prognosen über tatsächliche Absichten einzelner Vertreter massiv erschweren.[448] So ist es selbst der eigens zu diesem Zweck gegründeten, streng hierarchisch aufgebauten Organisation von *Masʿūd Azhar* nicht gelungen, die lähmenden internen Fehden ihrer Vorgänger zu überwinden – ungeachtet der wohlwollenden Unterstützung von *al-Qāʿida*, der afghanischen *Ṭālibān* und einflussreicher pakistanischer *ʿulamāʾ*. Ein weiterer wichtiger Aspekt ist das undurchsichtige Verhältnis der JeM zum pakistanischen Militär- und Geheimdienstapparat, wobei es weitgehend unstrittig ist, dass der ISI bei verdeckten Operationen im IAK bis einschließlich 2003 auf die JeM zurückgegriffen hat.[449] Spätestens seit den äußerst präzisen Angriffen auf den Konvoi von *Mušarraf*, in unmittelbarer Nähe des schwer gesicherten Armee-Hauptquartiers in Rawalpindi, ist die Beziehung zwischen den Dschihadisten und lokalen Behörden allerdings von zahlreichen Widersprüchen geprägt. So konnte die tatverdächtige JeM zwischen 2006 und 2008 wieder vollkommen offen in den Städten Rawalpindi und Bahalwapur agieren, obwohl Teile der Organisation nach Angaben der *Daily Times* bereits im November 2007 wieder Seite an Seite mit der radikalislamischen *Teḥrik-e Nafāẕ-e Šarīʿat-e Moḥammadī* (TNSM) im Swat-Tal gegen pakistanische Regierungstruppen kämpften.[450]

Ein weiteres Problem besteht darin, dass sich die innerhalb Pakist-

---

447 Offiziell vertreten sämtliche auf die HuJI zurückzuführenden Splittergruppen den Anspruch, für einen Anschluss Kaschmirs an Pakistan zu kämpfen. Vgl. J. Afridi: Kashmir Militant Extremists, in: Backgrounders, Council on Foreign Relations Online, 09.07.2009, (www.cfr.org).

448 H. Haqqani: The Ideologies of South Asian Jihadi Groups, S. 28.

449 A. Rashid: Descent into Chaos, S. 114, vgl. H. Haqqani: The Gospel of Jihad, S. 2.

450 Q. Siddique: The Red Mosque operation, S. 37.

ans verübten Anschläge aufgrund der Kooperation diverser militanter Zellen nur äußerst selten eindeutig mit der JeM in Verbindung bringen lassen.[451] Dass diese gezielte Form der Verschleierung unter anderem der Involvierung staatlicher Stellen geschuldet ist, gehörte zur festen Überzeugung der am 27. Dezember 2007 ermordeten PPP-Vorsitzenden *Bênazīr Bhuttô*. So sagte sie in einem ihrer letzten Interviews über einen bereits am Tag ihrer Rückkehr aus dem Exil verübten Anschlag: „The October 18th Attack [2007] was masterminded by some highly placed officials in the pakistani security and intelligence establishments. My enemies had first engaged an Al-Qaida linked militant leader who in turn hired one Maulavi Abdul Rehman Otho alias Abdul Rehamn Sindi [ein Mitglied der LeJ aus dem Dadu-Distrikt der Provinz Sindh]. [...] However, you can name Musharraf as my assasin if I am killed.“[452]

Während pakistanische Behörden nach dem Tod der Politikerin umgehend den damaligen TTP-Führer *Baitullāh Meḥsūd* für die Tat verantwortlich machten, wiesen dessen Pressesprecher *Maulawī ʿOmar* und sein Kollege *Farḥatullāh Bābar* von der PPP die Anschuldigungen übereinstimmend als reines Ablenkungsmanöver zurück.[453] Auch innerhalb der Forschungsliteratur überwiegt die Ansicht, dass ein von *al-Qāʿida* geführtes Joint Venture aus Mitgliedern der LeJ, der SSP und der JeM für die Tat verantwortlich ist – womit lediglich einmal mehr die üblichen Verdächtigen bei innerpakistanischen Anschlägen nach 2003 aufgezählt wurden.[454]

Im Bereich des transnationalen Terrorismus stellt die Kooperation verschiedener Gruppen die Forschung vor ebenso große Schwierigkeiten. So durchlaufen auch im Westen aufgewachsene Dschihadisten nach ihrer Ankunft in Pakistan häufig mehrere Stationen bei diversen militanten Gruppen und verbleiben nur selten bei einer bestimmten Fraktion. Als eines der frühesten Beispiele in diesem Zusammenhang

---

451 N. Howenstein: The Jihadi Terrain in Pakistan, S. 36.
452 A. Mir: Talibanisation of Pakistan, S. 241.
453 Ebd.
454 N. Howenstein: The Jihadi Terrain in Pakistan, S. 37.

gilt der Terrorist *Aḥmad ʿOmar Šaiḫ,* dessen Aktivitäten sich aufgrund seiner Kontakte zu *al-Qāʿida,* den *Ṭālibān,* der HuM, der JeM sowie dem ISI schwerlich einer einzelnen Organisation zuordnen lassen. Selbst die als glaubwürdig einzustufenden Hinweise auf Verbindungen der Londoner 7/7 Attentäter ins Umfeld der Anhänger von *Masʿūd Azhar* belegen daher kaum mehr als die passive Unterstützung des globalen islamistisch motivierten Terrorismus – eine Praxis, an der sich alle bislang untersuchten Gruppen beteiligt haben. Trotzdem lässt sich gerade in diesem Punkt ein besorgniserregender Trend beobachten, bei dem sich im westlichen Ausland radikalisierte junge Muslime in teils atemberaubender Geschwindigkeit selbst rekrutieren und sich dschihadistischen Gruppierungen im afghanisch-pakistanischen Grenzgebiet anschließen.[455]

---

455 So gab der am 30. April 2010 in Pakistan getötete Konvertit *Eric Breininger* in seinem deutschsprachigen Erfahrungsbericht an, den Entschluss zum *ǧihād* nur vier Monate nach seinem Übertritt zum Islam gefasst zu haben. Vgl. Elif Medya (Hrsg.): E. Breininger, (Abdul Ġaffar El Almani): Mein Weg nach Jannah, 28.04.2010, S. 76. Das entsprechende Dokument liegt dem Autor vor.

9 Exkurs: *Homegrown terrorism* am Beispiel des *Ulm-Sauerländer Netzwerks*

Die Ursachen für die exponierte Lage Großbritanniens im Zusammenhang mit der Entstehung gewaltbereiter islamistischer Zellen in Europa lassen sich ohne Weiteres bis in die frühen Neunzigerjahre zurückverfolgen. So fand ein Großteil der in ihren eigenen Heimatländern unerwünschten arabischen Veteranen des sowjetisch-afghanischen Krieges Unterschlupf im Vereinigten Königreich.[456] Dort angekommen, begannen die oft hoch angesehenen Kämpfer in den muslimischen Gemeinden nicht nur für ihr globales Dschihadverständnis zu werben, sondern auch Spenden zur Unterstützung gewaltbereiter Islamisten im Ausland zu sammeln. Da Großbritannien nach Saudi-Arabien die größte pakistanische Gemeinde außerhalb Südasiens beherbergt, ließen sich auf diese Weise relativ schnell hohe Beträge erzielen, wobei die fast vollständige Sanierung der LeT nach dem schweren Kaschmir-Erdbeben von 2005 nur ein Beispiel in diesem Zusammenhang ist.[457] Zudem wird die Identifizierung und Verfolgung potenzieller Dschihadisten durch jährlich über 400 000 Reisebewegungen zwischen Großbritannien und Pakistan massiv erschwert.[458] Die von radikalen Predigern betriebene Umdeutung der pluralistischen Aufnahmegesellschaft in eine dem Islam feindlich gesonnene Gemeinschaft von Ungläubigen erhielt durch die koloniale Vergangenheit sowie die gegenwärtige Präsenz bri-

---

456 P. Nesser: The search for a jihadi identity in Europe: Paper presented at the conference "Understanding Jihadism: Origins, Evolution and Future Perspectives", Oslo, 19.-21.03.2009, S. 1, (www.mil.no).

457 Nach Angaben des Generalsekretärs des *Muslim Council of Britain, Iqbal Sacranie*, hatten die muslimischen Gemeinden bereits zwei Tage nach der Katastrophe über 4,36 Millionen Euro gespendet. Vgl. A. Akbar: Millions of pounds are donated in UK as scale of the horror emerges, in: The Independent, 10.10.2005, (www.independent.co.uk).

458 Dabei betrug die durchschnittliche Aufenthaltsdauer in Pakistan nicht weniger als 41 Tage. Vgl. I. Cobain/R. N. Taylor: Rashid Rauf: The al-Qaida suspect caught, tortured and lost, S. 1.

tischer Truppen in Afghanistan zweifellos zusätzlichen Auftrieb. Dennoch lässt sich die Anziehungskraft des bewaffneten *ğihād* mittlerweile in ganz Europa beobachten. Auch in Deutschland besteht seit der Enttarnung des so genannten *Ulm-Sauerländer Netzwerks* die Ansicht, dass die These von der höheren Immunität hier lebender Muslime gegen dschihadistische Propaganda in Zweifel zu ziehen ist.[459] Dabei sind die individuellen Motive für den 2006 erfolgten Aufbruch der aus mehreren Dutzend jungen Türken, Kurden, Arabern und Deutschen bestehenden Reisegruppe in die pakistanischen Stammesgebiete höchst unterschiedlich.[460] Zwar sollte die Rolle dschihadistischer Internetplattformen im Zusammenhang mit der Radikalisierung und Rekrutierung junger Muslime in Europa keinesfalls verharmlost werden. Obwohl diese auch das zur Durchführung von Sprengstoffanschlägen notwenige theoretische Wissen bereitstellen, legt die überwiegende Mehrheit der *homegrown terrorists* aber noch immer Wert auf reales Training und persönliche Verbindungen zu im Ausland ansässigen erfahrenen Kämpfern – angesichts einer ganzen Reihe fehlgeschlagener Attentate in westlichen Staaten eine durchaus folgerichtige Entscheidung.[461] Zu den von deutschen Islamisten am häufigsten frequentierten Anbietern paramilitärischer Lehrgänge gehört vor allem die relativ junge *Islamic Jihad Union* (IJU), die angeblich im Jahr 2002 mit Unterstützung von *al-Qā'ida* gegründet wurde.[462] Als Splittergruppe der *Islamic Movement of Usbekistan* (IMU) verfolgte sie zunächst eine rein lokale Agenda, die auf den Sturz des seit 1991 amtierenden Staatspräsidenten *Islom Kari-*

---

459 G. Steinberg: Im Visier von Al-Qaida, S. 32.

460 Dabei werden die Radikalisierungsverläufe durch persönliche Erfahrungen (Traumatisierung durch Migration, Versagen in der Schule, Probleme innerhalb der Familie, Arbeitslosigkeit, Kriminalität), ideologische Indoktrination durch Dritte (Propagierung einer muslimischen Opferrolle und eines westlichen Feindbilds) sowie gruppendynamisches Verhalten und schließlich auslösende Faktoren (Politik, individuelle Negativereignisse) beeinflusst. Im Falle des *Ulm-Sauerländer Netzwerks* gilt vor allem der Irak-Krieg von 2003 als Katalysator. Vgl. P. Nesser: Jihad Lessons Learned from the September 2007 German Terrorist Plot, in: CTC Sentinel, Volume 1, Issue 4, 03/2008, S. 7.

461 Ebd.

462 Ebd., S. 9.

mov abzielte. Dennoch griffen mutmaßliche Mitglieder der IJU im Jahr 2004 erstmals westliche Ziele innerhalb der usbekischen Hauptstadt Taschkent an, darunter Vertretungen der USA und Israels.[463] In den folgenden Jahren bemühte sich die Gruppe aktiv um die Rekrutierung ausländischer Mitglieder, wobei zahlreiche junge Interessenten aus Europa und Nordafrika auf das von der Organisation angebotene Training zurückgriffen.[464] Unter ihnen befanden sich auch die beiden deutschen Konvertiten *Fritz Gelowicz* und *Daniel Schneider* sowie der Türke *Adem Yilmaz*, die das Terrorcamp der IJU im pakistanischen Südwaziristan nach Angaben amerikanischer Nachrichtendienste im März 2006 erreichten. Dass der Ursprung ihrer Radikalisierung jedoch in keinem Zusammenhang mit der späteren Ausbildungseinheit steht, zeigt sich besonders anschaulich im Falle *Fritz Gelowiczs*. Der mutmaßliche Anführer der am 07.09.2007 verhafteten so genannten *Sauerland-Zelle* war bereits im Alter von 16 Jahren zum Islam konvertiert. Kontakte zur extremistischen Szene in Deutschland lassen sich erstmals zu Beginn seines Studiums an der *Fachhochschule Neu-Ulm* nachweisen, wobei er rasch Zugang zum nahe gelegenen *Multikultur-Haus* fand, das unter dem Einfluss des Mediziners *Yaḥyā Yūsif* zu einem deutschlandweit bekannten Treffpunkt radikaler Muslime avancierte.[465] Nach dem Wintersemester 2004 unterbrach *Gelowicz* sein Studium für insgesamt 18 Monate, in denen er Ägypten, Saudi-Arabien und Syrien bereiste. Im Januar 2005 pilgerte er gemeinsam mit *Schneider* und *Yilmaz* nach Mekka. Obwohl die rund ein Jahr später erfolgte Kampfausbildung in Pakistan zweifellos den krönenden Abschluss des Radikalisierungsverlaufs der drei jungen Männer darstellt, erfüllt dessen Ursprung innerhalb der Ulmer Islamistenszene gleichzeitig ein entscheidendes Merkmal des *homegrown terrorism*. Andererseits zeigen insbesondere *Gelowiczs* Studienaufenthalte in Saudi-Arabien, wo die *wahhābīya* noch

---

463 Ebd.

464 D. Laabs/S. Rotella: Terrorists in Training are going to Pakistan: A perilous new pattern emerges, illustrated by two cases in Europe, in: Los Angeles Times, 14.10.2007, (articles.latimes.com).

465 P. Nesser: Jihad Lessons Learned from the September 2007 German Terrorist Plot, S. 8.

heute Grundlage des staatlichen Islamverständnisses ist, dass sich dieser Prozess nicht auf Deutschland beschränkte.[466] Auch die spätere Führung der Zelle durch eine in Pakistan ansässige usbekische Organisation gleicht eher den klassischen *modi operandi* transnationaler Terrororganisationen. Dass die IJU tatsächlich bereit war, in die Liga global agierender Netzwerke aufzusteigen, wurde dabei von ihr selbst bestätigt. So erklärte sie im April 2007 erstmals ihre Absicht, sich an internationalen Anschlägen beteiligen zu wollen.[467] Bereits wenige Monate später war es der *Sauerland-Zelle* gelungen, 700 Kilogramm Wasserstoffperoxid (mit einer Sprengkraft von rund 500 Kilogramm TNT) in einer Wohnung im westfälischen Oberschlehdorn einzulagern und militärische Sprengzünder über die Türkei einzuschmuggeln.[468] An dieser Stelle offenbart sich die geringe Trennschärfe zwischen dem Phänomen des *homegrown terrorism* und seinem im Ausland verwurzelten Pendant in beispielhafter Art und Weise. Zu ihrer Unterscheidung schlägt *Guido Steinberg* eine stärker an Führungsprozessen orientierte Einordnung der jeweiligen Erscheinungsformen globaler islamistischer Militanz vor. Mischformen wie das *Ulm-Sauerländer Netzwerk*, deren Mitglieder eine terroristische Ausbildung im Ausland absolvierten, sich nach ihrer Rückkehr aber ein verhältnismäßig hohes Maß an Unabhängigkeit bewahren konnten, klassifiziert er dabei als „Neue Internationalisten."[469] Zwar wäre diese Begründung bei ihrer alleinigen Be-

---

466 G. Steinberg: Saudi-Arabien: Politik, Geschichte, Religion, S. 157.

467 C. Moore: Uzbek Terror Networks: Germany, Jamoat and the IJU, in: Terrorism Monitor, Volume 5, Issue 21, 08.11.2007, (www.jamestown.org).

468 P. Nesser: Lessons Learned from the September 2007 German Terrorist Plot, S. 8.

469 Dabei unterscheidet G. Steinberg zunächst zwischen zwei Typen in Deutschland agierender Terroristen, den so genannten „Organisierten" und den „Unabhängigen". Während der Erste als Angehöriger ausländischer Terrorgruppen in engem Kontakt zu seinen Befehlsgebern im jeweiligen Herkunftsland steht, entfällt die länderübergreifende Kommunikation beim autark agierenden zweiten Typus. Letzterer rekrutiert sich hauptsächlich aus relativ unauffälligen in der Diaspora radikalisierten jungen Muslimen, die nur selten über die zur erfolgreichen Durchführung von Anschlägen notwendige Erfahrung verfügen. Vgl. G. Steinberg: Im Visier von Al-Qaida, S. 16-17.

schränkung auf die Zelle um *Fritz Gelowicz* nicht unproblematisch, da diese in regelmäßigem Kontakt mit der IJU stand und genaue Instruktionen über den Zeitpunkt des Anschlags erhielt.[470] Auch verhielten sich die deutschen Dschihadisten bei der Ausspähung potenzieller Anschlagsziele so dilettantisch, dass die Qualität ihrer Ausbildung in Pakistan durchaus infrage gestellt werden kann.[471] Für die Gesamtheit des relativ jungen Phänomens des europäischen Dschihadismus bietet *G. Steinberg* jedoch einen brauchbaren Arbeitsbegriff, der zur Überbrückung der diffusen Grenze zwischen einheimischen und ausländischen Terrorgruppen mehr als geeignet ist. Darüber hinaus liefert die Beschäftigung mit der *Sauerland-Zelle* eine in Bezug auf die eingangs formulierte Fragestellung überaus wichtige Erkenntnis: So ist nicht nur festzustellen, dass sich die Bereitschaft zu prestigeträchtigen globalen Attentaten unter dem ideologischen Einfluss von *al-Qāʿida* in Europa und Südasien verbreitet hat. Auch die kurz vor den Parlamentswahlen verübten Anschläge von Madrid im Jahr 2004, die möglicherweise entscheidend zum Rückzug Spaniens aus dem Irak beigetragen haben, lassen Attacken auf zivile Ziele in westlichen Staaten grundsätzlich als strategische Alternative zum verlustreichen Kräftemessen mit dem Militär der verschiedenen Truppensteller in Afghanistan erscheinen. Unabhängig von ihren jeweiligen strategischen Präferenzen fehlte der Masse der in Pakistan ansässigen Extremisten jedoch bislang die Möglichkeit, derart komplexe Operationen im Westen durchzuführen. Die Bereitschaft in Europa und den Vereinigten Staaten aufgewachsener Muslime, sich nach relativ kurzen Phasen der Selbstradikalisierung im Ausland ansässigen Dschihadisten anzuschließen, ist jedoch zweifellos dazu prädestiniert, eben diese Fähigkeitslücke zu schließen. Aktuellen Erkenntnissen zufolge kam ein Großteil der ausländischen Freiwilligen zwar innerhalb Afghanistans zum Einsatz (während lediglich vier Pro-

---

470 P. Nesser: Lessons Learned from the September 2007 German Terrorist Plot, S. 9.

471 So ließ sich Gelowicz noch im Juli 2007 in einem Telefoninterview von Mitarbeitern des Magazins *Stern* zu seiner Rolle als so genannter „Gefährder" befragen. Vgl. M. Knobbe: Interview mit einem „Gefährder", in: stern.de, 13.09.2007, (www.stern.de).

zent in Anschläge auf Ziele innerhalb Pakistans oder im westlichen Ausland verwickelt waren).[472] Da sich unter den über 100 zwischen 2002 und 2006 untersuchten Personen keine Staatsangehörigen aus Europa oder Nordamerika befanden, ist eine direkte Übertragung auf den *homegrown terrorism* westlicher Prägung aber lediglich bedingt möglich. Dennoch zeigt der Fall *Cüneyt Ciftcis*, der sich auf Befehl der von *Ǧalāluddīn Ḥaqqanī* geführten *Ṭālibān* im März 2008 im afghanischen Khost in die Luft sprengte, dass Dschihadisten mit westlichen Pässen keinesfalls automatisch zur Durchführung transnationaler Terroranschläge eingesetzt werden.[473] Auch *Javad Sediqi, Saadullah Kaplan* und *Eric Breininger*, wie *Ciftci* allesamt IJU-Mitglieder mit deutscher Staatsangehörigkeit, kamen bei Gefechten innerhalb Pakistans ums Leben.[474] Somit folgt dem Zulauf europäischer Dschihadisten nicht zwangsläufig eine Verlagerung des strategischen Schwerpunkts der aufnehmenden Gruppen. Andererseits zeigt gerade das Beispiel der IJU, dass ursprünglich rein lokal agierende Organisationen durch den Zugang zu westlichen *homegrown terrorists* in verhältnismäßig kurzer Zeit in die Lage versetzt werden, die zur Durchführung transnationaler Operationen notwendigen Fähigkeiten aufzubauen.

---

472 A. Stenersen: Foreign fighters in Afghanistan and Pakistan after 9/11: Paper presented at the conference "Understanding Jihadism: Origins, Evolution and Future Perspectives", Oslo, Forsvarets forskningsinstitutt (FFI), 19.-21.03.2009, S. 2, (www.mil.no).

473 A. Stenersen: Are the Afghan Taliban Involved in International Terrorism?, in: CTC Sentinel, Volume 2, Issue 9, 09/2009, S. 3.

474 S. Scholz: Taliban aus Deutschland, in: Welt Online, 04.05.2010, (www.welt.de).

10 Fazit

10.1 Die geistig-konzeptionellen Grundlagen:
Ein Vergleich

Innerhalb der strategisch-theoretischen Debatte um die Hauptmerkmale des zeitgenössischen globalen Dschihadismus führt das in der Nähe der Kleinstadt Lillestrøm gelegene *Norwegian Defence Research Establishment (Forsvarets forskningsinstitutt – FFI)* mindestens drei charakteristische Punkte an, mit deren Hilfe sich das transnationale Potenzial der untersuchten Fallbeispiele einschätzen lässt.

1. Die jeweilige Organisation oder Bewegung hat ein Weltbild verinnerlicht, in dem die Okkupation muslimischer Territorien durch eine offen oder verdeckt agierende Allianz ungläubiger Invasoren und muslimischer Kollaborateure die *umma* nachhaltig geschwächt hat.[475] Dieser Aspekt findet sich bei allen in Bezug auf die Fragestellung untersuchten Gruppen, wobei der Widerspruch zwischen der aus dem *Qurʾān* abgeleiteten Führungsrolle der Muslime und dem tatsächlichen oder vermeintlichen Souveränitätsverlust als ebenso widernatürlich wie demütigend empfunden wird. Entsprechend deutlich sind die Hinweise auf die durch die Besatzung verlorene Ehre des Islam, die einen festen Bestandteil des von der JI, der LeT und der JeM vertretenen Weltbilds ausmachen.

2. Der militärische *ǧihād* wird als einziges Erfolg versprechendes Mittel zur Befreiung der islamischen Welt und der Errichtung eines auf der *šarīʿa* basierenden Gesellschaftssystems betrachtet.[476] In diesem Punkt weichen sowohl *Maudūdī* als auch *Ḥāfiẓ Saʿīd* vom angeführten Leitsatz ab. Zwar propagieren beide Ideologen den Einsatz religiös motivierter Gewalt zur Umsetzung ihrer Ziele, betrachten Missionierung

---

475 B. Lia: Global Jihadi Strategic Theory: Presentation at US Naval War College, Newport, 15.-16.09.2009, (www.mil.no), S. 1.

476 Ebd.

und Erziehung als Teil eines geistig-moralischen *ǧihād* jedoch als gleichwertige Komponenten innerhalb eines nicht zu trennenden Gesamtkonzepts. Im Falle *Maudūdīs* lässt sich dieser zweigleisige Ansatz seit der Gründung der JI im Jahr 1941 eindeutig nachzeichnen. Dabei sicherte sich die Partei durch ihren starken Einfluss auf die pakistanischen *ʿulamāʾ* zunächst ein wichtiges Druckmittel, das sie wiederholt gegen die säkulare Staatsführung in Stellung brachte. Zudem legte ihre zu Beginn der Siebzigerjahre begonnene Kooperation mit der pakistanischen Armee den Grundstein für die spätere Islamisierung des Staates unter General *Żiyāʾ ul-Ḥaq*.

Angesichts der erfolgreichen Verknüpfung religiöser und militärischer Machtzentren sowie ihrer durch mehr oder weniger freie Wahlen gefestigten Rolle als einflussreichste islamistische Partei Pakistans erscheint die gezielte Auslagerung dschihadistischer Aktivitäten nur konsequent. *Ḥāfiẓ Saʿīd* hingegen lehnt jede Partizipation an demokratischen Prozessen kategorisch ab, wobei die Erfolgsaussichten der ebenso kleinen wie zersplitterten *Ahl-e Ḥadīṯ*-Gemeinden bei freien Wahlen selbst im Falle eines Zusammenschlusses ohnehin nur als gering einzustufen sind. Dennoch verfügten seine Anhänger mit dem *Markaz Daʿwat ul-Iršād* bereits gegen Ende der Achtzigerjahre über die Möglichkeit, den bewaffneten *ǧihād* der LeT durch wohltätige und missionarische Anstrengungen in Pakistan zu begleiten. Tatsächlich sind die Übergänge zwischen Spendensammlungen und Bildungsprogrammen einerseits, Terrorfinanzierung und Indoktrination andererseits zu fließend, um karitative und militärische Aktivitäten klar voneinander zu unterscheiden.[477] Die JeM hingegen verwendet deutlich weniger Ressourcen für den Aufbau wohltätiger Frontorganisationen, wobei sie durchaus in der Lage ist, diesen für die Rekrutierung neuer Kämpfer wichtigen Aspekt durch die enge Anbindung an extremistische *madāris* zu kompensieren. Tatsächlich verfügt sie über keine nennenswerte Parteianbindung und versteht sich in erster Linie als rein

---

477 So erklärten die UN den *Markaz Daʿwat ul-Iršād*-Nachfolger *Ǧamāʿat ud-Daʿwa* erst im Dezember 2008 zur offiziellen LeT-Frontorganisation. Vgl. Q. Siddique: What is Lashkar-e-Taiba?, S. 4.

religiöse Bewegung. Dementsprechend verkörpert ihr Schöpfer *Maulā-nā Mas'ūd Azhar* den Idealtypus des fanatisierten Militanten, dessen ideologisches Repertoire sich nahezu ausschließlich auf die Propagierung religiös legitimierter Gewalt beschränkt.

3. Der Krieg im Namen des Islam unterliegt keinerlei Beschränkung durch geographische Grenzen.[478] Auch in diesem Fall sind die ideologischen Grundlagen der HM, der LeT und der JeM weitgehend deckungsgleich, wobei sich lediglich minimale Differenzen in Bezug auf die strategische Ausrichtung ergeben. So nimmt *Maudūdī* mit der Verschmelzung offensiver und defensiver Ansätze innerhalb eines umfassenden Dschihadverständnisses bereits eine später auch von *b. Lādin* aufgegriffene Position vorweg, die weltweite Angriffe auf die Feinde des Islam legitimiert. Andererseits verweist er innerhalb seiner Werke ebenso auf die Notwendigkeit, die muslimischen Gesellschaften vor der Errichtung eines Kalifatstaates von unlauteren Elementen zu säubern.

Die dschihadistischen Organisationen von *Ḥāfiẓ Sa'īd* und *Mas'ūd Azhar* hingegen verbindet eine grundsätzlich stärkere Fixierung auf nichtmuslimische Gegner, was sich unter anderem durch ihre ideologische Nähe zu den defensiven Dschihadkonzepten von *'Abdullāh 'Azzām* erklärt. Darüber hinaus finden sich bei *Mas'ūd Azhar* immer wieder Passagen, welche die Rechtmäßigkeit des offensiven *ğihād* anhand der militärischen Erfolge des Propheten *Muḥammad* selbst festmachen. In der Praxis jedoch hat sich spätestens während der Besetzung der *Lal Masğid* gezeigt, dass sowohl die LeT als auch die JeM bereit sind, sich bei innerpakistanischen Konflikten gegen die Staatsmacht zu wenden.[479] Während sich vor allem die JeM immer tiefer in den bewaffneten Konflikt zwischen religiösen Fanatikern und der Regierung ver-

---

478 B. Lia: Global Jihadi Strategic Theory, S. 1.

479 Bereits im August 2007 hatte *Ḥāfiẓ Sa'īd* verkündet, dass der *ğihād* zum Schutz religiöser Stätten obligatorisch sei und die pakistanische Armee als *kuffār* bezeichnet. Knapp vier Monate später legitimierte *Mas'ūd Azhar* mit einer ähnlichen Argumentation die Bekämpfung der Streitkräfte durch den TNSM-Führer *Mullā Fażlullāh* im Swat-Tal, in dem er die Soldaten der Regierung zu Ungläubigen erklärte. Vgl. Q. Siddique: The Red Mosque operation and its impact on the growth of the Pakistani Taliban, S. 37.

strickte, offenbarte sich bei der HM ein Novum ganz anderer Art: So
zeigte sie entgegen des panislamischen Konzepts ihres Vordenkers die
Bereitschaft, in einen Dialog mit Indien einzutreten und eine Regelung
der Kaschmirfrage auf dem Verhandlungsweg zu suchen – ein für pakistanische Dschihadisten bis dato einmaliger Vorgang. Grundsätzlich
ist davon auszugehen, dass ein Mangel an geeignetem Personal als
Grund für das scheinbare Desinteresse der untersuchten Gruppen an
einer stärkeren globalen Ausrichtung des *ǧihād* zum gegenwärtigen
Zeitpunkt mit hoher Wahrscheinlichkeit ausscheidet. Stattdessen kris-
tallisiert sich ein weiterer entscheidender Faktor heraus, der die ideologischen Fundamente der Fallbeispiele in direkten Bezug zu ihrer spezifischen Situation innerhalb des pakistanischen Machtgefüges setzt. Dabei scheinen vor allem stabile Beziehungen zur pakistanischen Generalität die Umsetzung der geistig-konzeptionellen Grundlagen außerhalb
südasiatischer Szenarien zu hemmen, woraus sich wiederum folgende
zur Beantwortung der Eingangsfrage relevante These ableiten lässt:
Die transnationalen Ideologien pakistanischer Dschihadisten entfalten
ihr volles Potenzial erst dann, wenn der Zugang zu ihren klassischen
Operationsgebieten eingeschränkt ist und gleichzeitig kein vitales Interesse mehr am Fortbestand der strategischen Allianz mit lokalen Behörden besteht. Obwohl alle untersuchten Organisationen als so genannte „good jihadis" anfangs über hervorragende Beziehungen insbesondere zum ISI verfügten, ergeben sich gerade in diesem Punkt die
aussagekräftigsten Differenzen.

10.2 Das transnationale Potenzial der *Ḥizb ul-Muǧāhidīn*

Der Einsatz der HM als schlagkräftiges Instrument einer verdeckten
Kriegführung in Kaschmir gehört zu den wenigen Beispielen einer län-
gerfristig erfolgreichen Kooperation zwischen gewaltbereiten Islamisten und dem pakistanischen Staat. Die Grundlage für die Belastbarkeit
dieser Allianz beruht vor allem auf der engen Anbindung des bewaffneten Flügels an die JI. Angesichts ihres jahrzehntelangen Marsches
durch die Institutionen, würden Aufsehen erregende Anschläge der
HM auf westliche Ziele die in der Vergangenheit erzielten Erfolge bei

der Islamisierung Pakistans nur unnötig gefährden. Auch der Militär-
und Geheimdienstapparat scheint darauf bedacht, die HM aus der Ter-
rorismusdebatte herauszuhalten und die gegenwärtig zu beobachtende
Dialogbereitschaft ihrer Führung zu unterstützen. Dabei mag auch der
Wunsch eine Rolle spielen, ein auf internationalen Druck hin erzwun-
genes Verbot der HM zu verhindern, um regierungsfeindliche Tendenzen innerhalb der überaus einflussreichen JI nicht weiter zu verstärken.

Trotz der gegenwärtigen Kritik an Islamabad spricht die jahrzehn-
telange, zum beidseitigen Nutzen vollzogene Kooperation eindeutig gegen transnationale Alleingänge ihres geschwächten, aber nach wie vor
als diszipliniert geltenden militärischen Ablegers. Zudem erfüllt die
Gruppe zwar entscheidende, jedoch nicht alle ideologischen Merkmale
des zeitgenössischen globalen Dschihadismus. Dies betrifft insbesondere die Bereitschaft, den bewaffneten Kampf gegenüber anderen Metho-
den zur Durchsetzung ihrer politischen Ziele zurückzustellen, was vor
allem ihr Kommandeur *Ṣalāḥuddīn* während der Verhandlungen über
einen dauerhaften Waffenstillstand mit Indien unter Beweis gestellt
hat. Bereits zuvor war die Wahrscheinlichkeit von Terroranschlägen
außerhalb Südasiens durch die überwiegend aus der Region stammenden HM-Kämpfer äußerst gering. Da bislang kaum gesicherte Erkenntnisse über Anschläge der Gruppe auf Ziele außerhalb Kaschmirs vor-
liegen, lässt sich das transnationale Potenzial der Dschihadisten zum
gegenwärtigen Zeitpunkt weiterhin als moderat einstufen.

10.3 Das transnationale Potenzial der *Laškar-e Ṭaiba*

Auch die LeT stand aufgrund ihrer anfangs starken Abhängigkeit vom
Wohlwollen staatlicher Stellen lange Zeit in dem Ruf, ein verlässlicher
Partner bei der Durchführung verdeckter Operationen in Kaschmir zu
sein. Tatsächlich profitierte die Gruppe in vielen Bereichen von dem in
sie gesetzten Vertrauen, wobei die Errichtung ihres riesigen, von der
Außenwelt abgeschirmten Hauptquartiers bei Muridke nur eines von
zahlreichen Beispielen ist. Trotz ihrer engen Verbindungen zu *al-Qāʿida* hat sie sich lange Zeit von dem Terrornetzwerk distanziert. Zwar
führte die Ende 2001 erlangte Monopolstellung beim Training auslän-

discher Dschihadisten unweigerlich zu einer verstärkten Internationalisierung ihrer Anhängerschaft. Anzeichen auf vermehrte Aktivitäten der JeM außerhalb des IAK finden sich jedoch erst zwei Jahre später, als die indo-pakistanische Annäherung die Infiltration in ihr traditionelles Operationsgebiet erstmals massiv erschwerte. Einen vorläufigen Höhepunkt dieser Entwicklung markierte dabei der Fall des in Australien verhafteten Franzosen *Willie Brigitte*, der als erstes LeT-Mitglied überhaupt für die Vorbereitung von Terroranschlägen im westlichen Ausland verurteilt wurde. Neben sporadischen Aktivitäten der Organisation im Irak und Afghanistan lassen sich spätestens ab 2007 deutliche Anzeichen für eine Abkopplung von Islamabad erkennen, wobei *Ḥāfiẓ Saʿīd* mit der Legitimierung des *ǧihād* gegen die pakistanische Armee während der Belagerung der *Lal Masǧid* offen Stellung gegen seine einstigen Förderer bezog.

Angesichts wachsender Spannungen zwischen radikalislamischen Bewegungen und pakistanischen Behörden reagierten zahlreiche dschihadistische Organisationen mit der Verlagerung ihrer Trainingscamps in die außerhalb staatlicher Kontrolle liegenden Stammesgebiete – darunter auch Teile der LeT.[480] Dennoch konzentrierte sie sich bei ihrem Durchbruch als transnationale Terrororganisation im November 2008 abermals auf Südasien, wo es ihr durch den Angriff auf Mumbai gelang, ein ganzes Bündel strategischer Ziele abzuarbeiten. Ein zentrales Motiv in diesem Zusammenhang dürfte die Beendigung der indo-pakistanischen Annäherung gewesen sein, wobei die öffentliche Brüskierung Islamabads auf außenpolitischer Ebene ein eindeutiges Novum darstellte. Dass die LeT dabei von Teilen des Militär- und Geheimdienstapparates unterstützt wurde, lässt sich wohl lediglich vermuten; sicher hingegen ist, dass die Entspannungspolitik des neuen pakistanischen Präsidenten *Āṣif ʿAlī Zardārī* (dem Witwer von *Bēnazīr Bhuttô*) besonders unter islamistischen Offizieren auf wenig Zustimmung stieß.

Unterdessen vollzog *Ḥāfiẓ Saʿīd* am 5. Dezember 2008 den demonstrativen Schulterschluss mit dem damaligen TTP-Führer *Baitullāh*

---

480 M. Abou Zahab: Unholy Nexus, S. 3.

136

Meḥsūd.[481] Obwohl die spätestens ab 2007 zu beobachtende Abkopplung der LeT von der offiziellen Politik Islamabads keinesfalls einen unumkehrbaren Prozess darstellt, existieren gegenwärtig wenig Anhaltspunkte für eine Trendwende. Dabei würde eine längerfristige Fortsetzung des aktuellen Konfrontationskurses das Risiko für weitere Anschläge in der Region mit großer Wahrscheinlichkeit erhöhen. Grundsätzlich befürwortet zwar auch die LeT den bewaffneten *ǧihād* begleitende Maßnahmen, wie etwa Missionierung und Erziehung. Da sie im Gegensatz zur HM aber über keinerlei politisches Gewicht verfügt und ansonsten sämtliche ideologischen Merkmale globalen dschihadistischen Denkens aufweist, scheint eine Fortsetzung ihres heiligen Krieges ohne wirkliche Alternative. Ungeachtet der Tatsache, dass sich ihre Hauptaufmerksamkeit zur Zeit auf die innerpakistanische Auseinandersetzung zwischen der TTP und der Regierung zu richten scheint, verfügt die LeT weiterhin über große Erfahrung in der Anwerbung, Ausbildung und Vermittlung internationaler Freiwilliger. Da die mit äußerster Brutalität gegen Zivilisten vorgehende Gruppe zudem zu den am besten ausgebildeten dschihadistischen Organisationen Südasiens zählt, ist das von ihr ausgehende transnationale Potenzial als ungebrochen hoch einzuschätzen.

10.4 Das transnationale Potenzial der *Ǧaiš-e Moḥammed*

Von allen bislang untersuchten Gruppen hat die JeM den Pfad des staatlich sanktionierten *ǧihād* in der Kaschmirregion am schnellsten verlassen. Zwar bewegten sich die von ihr verübten Selbstmordattentate in Srinagar und möglicherweise auch der Angriff auf das indische Parlament in Neu-Delhi im Jahr 2001 noch innerhalb eines von Islamabad tolerierten Rahmens. Auch die Ermordung *Daniel Pearls*, für *Perwêz Mušarraf* ein außenpolitisches Fiasko, mag durchaus dem Wunsch entsprungen sein, das Militärregime vor der Enthüllung belastender Verbindungen zu radikalislamischen Gruppen zu schützen. Dennoch führte die mutmaßliche Beteiligung der JeM an den Anschlägen auf den Präsidentenkonvoi Ende 2003 zwangsläufig zu einem Bruch mit

---

481 Q. Siddique: What is Lashkar-e-Taiba?, S. 8.

dem pakistanischen Staat, obwohl sich die Gerüchte über Unterstützer aus dem Umfeld des Sicherheitsapparates bis heute als extrem hartnäckig erweisen.[482]

In den folgenden Jahren zogen sich Teile der JeM immer tiefer in die von den *Ṭālibān* kontrollierten Landesteile zurück, wo sie sich ab 2007 gemeinsam mit ihren Gastgebern teils heftige Gefechte mit der pakistanischen Armee lieferten. Trotz der fortwährenden regierungsfeindlichen Predigten von *Masʿūd Azhar*, gelang es der JeM unter der Führung von *ʿAbdurraʾūf* in erstaunlich kurzer Zeit an alte Privilegien anzuknüpfen. So war es *Masʿūd Azhar* zumindest kurzfristig möglich, vollkommen unbehelligt in seinem Hauptquartier in Bahalwapur zu residieren, bevor er sich 2009 erneut regierungsfeindlichen Islamisten im Swat-Tal anschloss.[483]

Angesichts der geringen Beständigkeit derartiger Momentaufnahmen erweisen sich Prognosen über das künftige Verhältnis zwischen der JeM und Islamabad als schwierig zu erstellen. Sollte sich der gegenwärtige Trend allerdings fortsetzen, ist aus mindestens drei Gründen von einer erhöhten Gefahr von Anschlägen der Gruppe im Ausland auszugehen. Erstens erfüllt das ideologische Konzept von *Masʿūd Azhar* trotz eines erkennbaren Mangels an strategischen Visionen sämtliche vom FFI aufgeführten Kriterien, wodurch es sich in seiner Radikalität nochmals deutlich von den anderen untersuchten Fallbeispielen abhebt. Zweitens stellte die von Islamabad vorgenommene Einschränkung potenzieller Operationsgebiete in Südasien ein unannehmbares Hindernis auf dem Weg zur Entfaltung des offensiven dschihadistischen Anspruchs der JeM dar. Drittens befindet sich die Gruppe durch ihre Präsenz in Waziristan in unmittelbarer Nähe zur weltweit höchsten Konzentration von Trainingscamps für so genannte *homegrown terrorists*. Dabei könnte gerade die Tatsache, dass sie sich trotz ihrer Kontakte zu einem Teil der Londoner 7/7 Attentäter bislang noch nicht durch Anschläge außerhalb Südasiens hervorgetan hat, das Streben nach globalem Prestige fördern. Zudem verweisen die Verbindungen

---

482 A.Rashid: Descent into Chaos, S. 231.
483 A. Mir: Talibanisation of Pakistan, S. 105.

zur TTP auf die potenzielle Unterstützung einer weiteren militanten Deobandi-Gruppe, die mehrfach ihr Interesse am Aufbau einer transnationalen Reputation bekundet hat.[484] Momentan sind globale Alleingänge aufgrund der etablierten Praxis dschihadistischer Joint Ventures zwar wenig wahrscheinlich. Gleichwohl lässt sich der JeM aus den oben aufgeführten Gründen das gegenwärtig größte transnationale Potenzial der bislang untersuchten Gruppen attestieren.

10.5 Der tellurische Dschihadist: Ein Auslaufmodell?

Obwohl die untersuchten Fallbeispiele ähnlichen ideologischen Grundlagen zu folgen scheinen, sind die tatsächlichen Differenzen zwischen ihnen alles andere als trivial. So ist es offensichtlich, dass sich die hierarchisch strukturierten Organisationen *Maudūdīs* deutlich von der apolitischen, neoplastischen Gefolgschaft von *Masʿūd Azhar* unterscheiden, während die religiöse Intoleranz der *Ahl-e Ḥadīṯ*-Gemeinden um *Ḥāfiẓ Saʿīd* sie noch immer von einem Großteil der pakistanischen Muslime isoliert. Dabei hat das spezifische Islamverständnis der jeweiligen Bewegung ebenso wie die unterschiedliche Haltung gegenüber den vier sunnitischen Rechtsschulen entscheidenden Einfluss auf die Anzahl potenzieller Mitglieder. Vor allem die kleine LeT ist daher gezwungen, ihre Basis durch gezielte Bekehrungsversuche von Anhängern rivalisierender Gruppen zu erweitern.[485]

Trotz der teils erbitterten Konkurrenz um Personal und Ressourcen lassen sich dennoch immer wieder pragmatische Allianzen zwischen den verschiedenen extremistischen Organisationen beobachten. Dies gilt insbesondere für den Bereich der paramilitärischen Ausbildung, wobei es durchaus vorgekommen ist, dass ganze Trainingscamps zeitweilig an verbündete Gruppen abgetreten wurden.[486] Ein weiterer wichtiger Aspekt ist die Beziehung pakistanischer Dschihadisten zu *al-Qāʿida*. Bereits 2002 offenbarten die Verhaftungen von *Abū Zubaida*,

---

484 A. Stenersen: Are the Afghan Taliban Involved in International Terrorism?, S. 2.

485 N. Howenstein: The Jihadi Terrain in Pakistan, S. 4.

486 Ebd.

Walīd b. ʿAṭṭaš und *Ramzī b. aš-Šībh* aus Privatwohnungen in Faisalabad und Karatschi, dass diese keinesfalls gezwungen waren, sich in die karge Abgeschiedenheit der afghanisch-pakistanischen Gebirgsregionen zurückzuziehen. Ein weiteres Indiz für die Unterstützung einheimischer Sympathisanten ist die Festnahme des mutmaßlichen 9/11 Cheforganisators *Ḫālid Šaiḫ Moḥammed* im März 2003 in einer Wohnsiedlung der pakistanischen Armee in Rawalpindi.[487] Während mehrere der gastgebenden Familien nachweislich mit der JI, der LeT oder der JeM in Verbindung standen, bleibt die Frage nach dem tatsächlichen Grad der Verschmelzung von *al-Qāʿida* mit lokalen Islamisten jedoch weiterhin Gegenstand kontroverser Debatten.[488] Dabei werten manche Beobachter die wachsende Zahl von Selbstmordanschlägen in Pakistan nicht nur als Nachweis für eine Vorbildfunktion des Terrornetzwerks im taktischen Bereich, sondern auch als mögliches Anzeichen für direkte organisatorische Verbindungen zu lokalen Militanten.[489]

Betrachtet man den Zeitraum zwischen der Enthauptung *Daniel Pearls* und dem Mord an *Bênazīr Bhuttô*, scheint sich dieses Bild zunächst zu bestätigen. Andererseits beruhen derartige Kooperationen fast ausschließlich auf den bereits erwähnten ad-hoc-Zusammenschlüssen, die nur selten über einen längeren Zeitraum Bestand haben. Auch die nach jahrelanger Präsenz in Pakistan noch immer fast ausschließlich von Arabern dominierte Führungsspitze von *al-Qāʿida* spricht eindeutig gegen die These einer strukturellen Verschmelzung mit einheimischen Akteuren.[490] Trotzdem haben sich die wechselseitigen, oft bis in die Zeit des sowjetisch-afghanischen Krieges zurückreichenden persönlichen Beziehungen als relativ belastbar erwiesen, wobei *al-Qāʿida* vor allem nach dem Sturz des Talibanregimes Ende 2001 von der Unterstützung pakistanischer Extremisten profitierte.

---

487 A.Rashid: Descent into Chaos, S. 226.

488 A.Rashid: Descent into Chaos, S. 226.

489 N. Howenstein: The Jihadi Terrain in Pakistan, S. 38.

490 So wird vor allem den Arabern nachgesagt, auf das in ihren Augen unauthentische Islamverständnis ihrer lokalen Alliierten von oben herabzublicken. Vgl. N. Howenstein: The Jihadi Terrain in Pakistan, S. 38.

Allerdings bilden die untersuchten Fallbeispiele auch an dieser Stelle keinen monolithischen Block. Während sich der Beistand der Anhänger von *Maudūdī* allem Anschein nach auf die Fluchthilfe für versprengte *al-Qāʿida*-Mitglieder beschränkte, unterstützte die LeT insbesondere die Anwerbung, Ausbildung und Weitervermittlung potenzieller Attentäter für Anschläge weit außerhalb ihres traditionellen Operationsgebiets im IAK. Die JeM hingegen hat sich bislang vor allem durch vermeintliche Zusammenschlüsse mit dem Terrornetzwerk innerhalb Pakistans hervorgetan, sei es bei der Ermordung unliebsamer Journalisten oder Anschlägen auf hochrangige Politiker. Der Einschätzung von *O. Roy* und *M. Abū Zahab,* die vielschichtigen Verbindungen zwischen *al-Qāʿida* und pakistanischen Islamisten würden nicht auf einer gemeinsamen organisatorischen Basis beruhen, ist in dieser Hinsicht kaum zu widersprechen.[491] Gleiches gilt für die Vermutung, dass temporäre Zweckbündnisse nach wie vor hauptsächlich über persönliche Kontakte zustande kommen, sobald gemeinsame Interessenlagen bestehen.[492] Dabei beruht ein Großteil des von radikalislamischen Organisationen in Pakistan ausgehenden Bedrohungspotenzials auf eben dieser Flexibilität, wodurch langfristige Prognosen über entsprechende Gruppierungen grundsätzlich schwierig bleiben.

So war die Beschreibung einer ideologisch weitgehend isolierten Talibanbewegung durch *A. Rašīd* zum Zeitpunkt der Veröffentlichung seines richtungweisenden Werks „Taliban: Islam, Oil and the New Great Game in Central Asia" im Jahr 2000 gewiss zutreffend. Diese Sichtweise bestätigte der offizielle Sprecher der afghanischen *Ṭālibān, Zabīullāh Muǧāhid,* unlängst in einem Interview im Jahr 2009: „Taliban is one thing and al Qaeda is another. They are global, we are just in the

---

491 O. Roy/M. Abou Zahab: Islamist Networks: The Afghan-Pakistan Connection, London, 2002, S. 47.

492 So zitierte C. Lamb einen westlichen Diplomaten in Pakistan wie folgt: „We in the west make the mistake of seeing all these different Islamic organisations as hermetically sealed, but in fact they all know each other; personnel and individuals shift around and help each other." Vgl. C. Lamb: 'Nurseries of terror' surge in Pakistan, S. 2.

Region."[493] Inzwischen hat sich die nach eigenen Angaben aus über 40 lokalen Talibanverbänden bestehende TTP aber mehrfach zu gescheiterten Attentaten in Europa und den USA bekannt. So übernahm deren Sprecher *Maulawī ʿOmar* im August 2008 per Videobotschaft die Verantwortung für die Aktivitäten einer aus zwölf Pakistanis und zwei Indern bestehenden mutmaßlichen Terrorzelle, der spanische Ermittler die Vorbereitung von Sprengstoffanschlägen auf öffentliche Verkehrsmittel in Barcelona vorwerfen.[494]

Obwohl die Glaubwürdigkeit der Organisation von vielen Experten aus nachvollziehbaren Gründen angezweifelt wird, ist das klar erkennbare Streben ihrer Führung nach einer Assoziation mit internationalen Terrorgruppen durchaus ernst zu nehmen.[495] Vor diesem Hintergrund wäre es schlichtweg fahrlässig, das von den kampferprobten pakistanischen *Ṭālibān* ausgehende Bedrohungspotenzial zu ignorieren, zumal eine direkte Verbindung mit den im Januar 2008 in Barcelona verhafteten Islamisten von spanischen Behörden bestätigt wurde.[496]

Darüber hinaus folgen die transnationalen Ansprüche ihrer erst im Dezember 2007 gegründeten Dachorganisation TTP einer besorgniserregenden Entwicklung, bei der der Wechsel zwischen lokaler und globaler Agenda innerhalb kürzester Zeit erfolgen kann. Im Falle der usbekischen IJU etwa vergingen kaum mehr als zwei Jahre zwischen den ersten Anschlägen auf westliche Ziele in Taschkent und der Einschleusung trainierter Dschihadisten nach Deutschland.[497] Vor diesem Hintergrund scheint die klassische Zweiteilung radikalislamischer Organi-

---

493 N. Robertson: Transcript: Afghan Taliban spokesman discusses war, in: CNN World, 05.05.2009, (articles.cnn.com).

494 M. Hodgson: Raids foiled Barcelona bomb plot, says judge, in: The Guardian, 24.01.2008, (www.guardian.co.uk).

495 So übernahm *Baitullāh Meḥsūd* die Verantwortung für die Schießerei in einem Gebäude der U.S. Einwanderungsbehörde, bei dem der vietnamesische Täter über keinerlei islamistischen Hintergrund verfügte. Vgl. A. Iqbal: FBI rejects Mehsud's claim for NY attack, in: Dawn, 04.04.2009, (news.dawn.com).

496 A. Stenersen: Are the Afghan Taliban Involved in International Terrorism?, S. 3.

497 P. Nesser: Lessons Learned from the September 2007 German Terrorist Plot, S. 8.

sationen in transnational agierende Terroristen und im regionalen Kontext verhaftete Kämpfer tatsächlich wenig zukunftsfähig. Sicherlich hat sie vor allem gegen Ende des 20. Jahrhunderts gute Dienste bei der Kartographierung des dschihadistischen Terrains in Pakistan geleistet. Auch im Hinblick auf die Abgrenzung der JI/HM des *Abū l-Aʿlā Maudūdī* zu *al-Qāʿida* lässt sie sich nach wie vor als klare Trennlinie verwenden. Gleichwohl stößt die einst bewährte Methode bereits im Falle der LeT von *Ḥāfiẓ Saʿīds* oder der JeM von *Masʿūd Azhar* deutlich an ihre Grenzen.

So ist die ursprünglich zutreffende Kategorisierung beider Organisationen als an den Kaschmirkonflikt gebundene Akteure längst kein Garant mehr für die Eindämmung ihres ideologisch verankerten Anspruchs auf einen globalen *ǧihād*. Dabei hat die schrittweise Emanzipierung vom pakistanischen Militär- und Geheimdienstapparat eine ebenso wichtige Rolle gespielt wie das Heranwachsen einer neuen Generation im Westen radikalisierter Islamisten, die aktiv den Anschluss an internationale Terrororganisationen suchen.

Nachwort

Bereits vor den Anschlägen des 11. September 2001 machten das komplexe Beziehungsgeflecht zwischen Militär- und Geheimdienstangehörigen, internationalen Freiwilligen und verschiedenen lokalen Extremisten eine Analyse des militanten Islamismus in Pakistan zu einem schwierigen Unterfangen. Seither haben der Sturz des Talibanregimes und der erhöhte internationale Verfolgungsdruck die Entstehung amorpher Strukturen innerhalb der dschihadistischen Szene des Landes weiter vorangetrieben. Sollte das benachbarte Afghanistan nach dem Abzug der *North Atlantic Treaty Organisation* (NATO) tatsächlich wieder in die Hände fanatisierter Gotteskrieger fallen, könnte *al-Qāʿida* den dortigen Wiederaufbau ihrer terroristischen Infrastruktur theoretisch an eine stärkere Zentralisierung des Netzwerks koppeln. Abgesehen von der dadurch hervorgerufenen massiven außenpolitischen Bürde für die jeweiligen Machthaber in Kabul spricht jedoch ein weiterer Umstand gegen eine derartige Umgestaltung. So hat sich die Ausbildung und Führung potenzieller Attentäter durch kleinere Gruppierungen mit einer allenfalls lockereren Anbindung an die so genannte „Kern-al-Qaida" als probates Mittel erwiesen, um die verschärften Überwachungsmaßnahmen in westlichen Staaten zu unterlaufen.[498]

Vor diesem Hintergrund scheint es dringend geboten, einer dauerhaften regionalen Verankerung militanter Islamisten in Pakistan mit einem gesunden Maß an Misstrauen zu begegnen, zumal die von ihnen propagierten globalen dschihadistischen Konzepte weltweit über das Internet abrufbar sind. Während das britische Innenministerium mit der Ankündigung eines landesweiten Deradikalisierungsprogramms bereits Mitte 2008 auf die wachsende Zahl gewaltbereiter Islamisten auf eigenem Boden reagierte und die seit 2006 für Präventionsmaßnahmen bereitgestellten 40 Millionen Britische Pfund (GBP) um weitere

---

498 Der Begriff bezeichnet den Führungszirkel der Organisation sowie deren näheres Umfeld.

12,5 Millionen aufstockte, hat die Debatte um ein möglichst frühzeitiges Konfliktmanagement inzwischen auch deutsche Behörden erreicht.[499] Dabei wird der in Großbritannien nicht unumstrittene Ansatz auch innerhalb des *Gemeinsamen Terrorabwehrzentrums* (GTAZ) in Berlin durchaus kontrovers diskutiert.[500] Unabhängig von der möglicherweise deeskalierenden Wirkung einer stärkeren sozialen Betreuung angehender Dschihadisten, bleibt eine präzise Bekämpfung bereits aktiver Zellen und Gruppierungen für die Sicherheitsbehörden letztlich ohne Alternative.

Ein besonnenes Vorgehen ist dabei zweifellos das beste Mittel, um einer durch überzogene Sicherheitsmaßnahmen unbeabsichtigt ausgelösten weiteren Radikalisierung bis dahin unentschlossener Mitläufer entgegenzuwirken.[501] Dieser Grundsatz findet seine außenpolitische Analogie unter anderem im Zusammenhang mit dem von *D. Kilcullen* beschriebenen „accidental guerrilla syndrome", das *al-Qāʿida* nach wie vor mit Erfolg zur Erweiterung des eigenen Unterstützerumfelds nutzt. Somit bleibt die möglichst vollständige Isolierung dschihadistischer Akteure von ihren Sympathisanten der eigentliche Schwerpunkt jeder auf langfristige Erfolge abzielenden Anti-Terrorstrategie.

Auf internationaler Ebene nimmt das afghanisch-pakistanische Grenzgebiet als Zentrum globaler islamistischer Militanz dabei eine Schlüsselrolle ein, die in direktem Widerspruch zum langjährigen Desinteresse Deutschlands an einer progressiven Südasienpolitik steht.[502] So hinterlässt das Engagement der Bundesrepublik in der Region trotz einer bis ins Jahr 2001 zurückreichenden zivilen und militärischen Prä-

---

499 A. Travis: New plan to tackle violent extremism, in: The Guardian, 03.06.2008, (www.guardian.co.uk).

500 Das Deradikalisierungsprogramm setzt auf die Identifizierung lokaler Partner innerhalb der islamischen Gemeinden, die in der Lage sind, in die Radikalität abdriftende Jugendliche zu erreichen und ihnen ein Gefühl der Wertschätzung zu vermitteln. Ob es den Behörden tatsächlich gelingen kann, biographische Umstände und einen hartgesottenen Hass auf die westliche Gesellschaft allein durch soziale Maßnamen aufzufangen, bleibt umstritten. Vgl. M. Wehner: Alle aussteigen, bitte!, in: FAZ, 25.07.2010, (www.faz.net).

501 G. Steinberg: Im Visier von Al-Qaida, S. 21.

502 G. Steinberg: Im Visier von Al-Qaida, S. 10.

senz in Afghanistan den bitteren Nachgeschmack politischer Halbherzigkeit. Obwohl die zuständigen Ministerien im Jahr 2008 damit begonnen haben, erste Kontakte für eine ressortübergreifende Kooperation mit Pakistan aufzubauen, dürfte es in der Tat Jahre dauern, bis dieses Engagement Früchte trägt.[503]

Dabei wäre vor allem die Stärkung zivilgesellschaftlicher Akteure gegenüber dem allmächtigen pakistanischen Militär ein wichtiger Ansatz zur Stabilisierung des seit 1947 um eine gemeinsame nationale Identität ringenden Staates. Ohne ein tiefergehendes Verständnis für die historischen Hintergründe gegenwärtiger Entwicklungen ist dieses Bemühen jedoch mit hoher Wahrscheinlichkeit zum Scheitern verurteilt. Gleichzeitig ist eine regelmäßige, vergleichende Einzelfallbetrachtung radikalislamischer Kräfte unumgänglich, um mit den rasch voranschreitenden Entwicklungen des zeitgenössischen pakistanischen Dschihadismus Schritt halten zu können. Angesichts der schwerwiegenden Folgen der jahrelangen Vernachlässigung der Region nach dem Ende des Kalten Krieges sollte der Anspruch einer zukunftsweisenden Sicherheitspolitik jedoch deutlich darüber hinausgehen.

---

503 Ebd., S. 86.

Anhang

Abkürzungsverzeichnis

CII	*Council of Islamic Ideology.* Staatliches Gremium für islamische Jurisprudenz
FATA	*Federally Administered Tribal Areas.* Teilautonome paschtunische Territorien
HM	*Ḥizb ul-Muǧāhidīn* (Partei der Mudschahedin)
HIG	*Ḥizb-e Islāmī Gulbuddīn* (Islamische Partei *Gulbuddīn Ḥekmatyārs*)
HuA	*Ḥarkat ul-Anṣār* (Bewegung der Unterstützer [des Propheten]).
HuJI	*Ḥarkat ul-Ǧihād ul-Islāmī* (Bewegung des islamischen Dschihad)
HuM	*Ḥarkat ul-Muǧāhidīn* (Bewegung der Mudschahedin)
IAK	*Indian-administered Kashmir.* Umfasst zwei Drittel der umstrittenen Region
IJT	*Islāmī Ǧamʿīyat-e Ṭalaba* (Islamische Studentengemeinschaft).
IJU	*Islamic Jihad Union.* Splittergruppe der *Islamic Movement of Uzbekistan*
IMU	*Islamic Movement of Uzbekistan.* Starke Präsenz in Pakistan und Afghanistan
ISI	*Inter-Services Intelligence.* Nachrichtendienst der pakistanischen Streitkräfte
JKLF	*Jammu and Kashmir Liberation Front.* Säkulare anti-indische Bewegung
JeM	*Ǧaiš-e Moḥammed* (Armee *Moḥammeds*)
JI	*Ǧamāʿat-e Islāmī* (Islamische Vereinigung)
JuM	*Ǧamāʿat ul-Muǧāhidīn* (Vereinigung der Mudschahedin)
JuD	*Ǧamāʿat ud-Daʿwa* (Vereinigung des Aufrufs [zum Islam])
JUI	*Ǧamʿīyat-e ʿUlamaʾ-e Islām* (Gemeinschaft der Islamgelehrten)
LeJ	*Laškar-e Ǧhangwī* (Armee *Ḥaq Nawāz Ǧhangwīs*)
LeT	*Laškar-e Ṭaiba* (Armee der Reinen)

LoC   *Line of Control.* Teilt den indischen vom pakistanischen Teil
         Kaschmirs
MB   *al-Iḫwān al-Muslimūn* (Die Muslimbrüder)
MDI   *Markaz Daʿwat ul-Iršād* (Zentrum für Aufruf [zum Islam]
         und Anleitung)
MMA   *Muttaḥida Maǧlis-e ʿAmal* (Vereinigter Aktionsrat)
NWFP   *North-West Frontier Province.* Seit 04/2010 *Khyber Pakhtunkhwa*
PPP   *Pakistan Peoples Party.* Gemäßigt sozialistische Volkspartei.
RAW   *Research and Analysis Wing.* Indischer Auslandsnachrichten-
         dienst
SSP   *Sipāh-e Ṣaḥāba Pākistān* (Armee der Gefährten [des Propheten]
         – Pakistan)
TNSM   *Teḥrik-e Nafāẕ-e Šarīʿat-e Moḥammadī* (Bewegung zur
         Einführung der *šarīʿa*)
TTP   *Teḥrik-e Ṭālibān Pākistān* (Bewegung der Taliban – Pakistan)

Glossar

aḥādīṯ	Überlieferte Prophetentraditionen
amīr	Befehlshaber, Anführer
umma	Gemeinschaft der Muslime
bidʿa	Neuerung. Ketzerische Verfälschung der Gebote Gottes
takfīr	Bezichtigung des Unglaubens
tauḥīd	Bekenntnis zur Einheit Gottes
ǧāhilīya	Vorislamische Zeit
ǧizya	von Nicht-Muslimen zu entrichtende Schutzsteuer
ǧihād aṭ-ṭalab	Offensiver heiliger Krieg
ǧihād ad-difāʿ	Defensiver heiliger Krieg
ḥāfiẓ	Bewahrer. Jemand, der den Koran frei rezitieren kann
ḥākimīya	Souveränität Gottes
as-salaf aṣ-ṣāliḥ	die frommen Altvorderen
sunna	als Rechtsquelle dienende Aussagen und Taten des Propheten
širk	Beigesellung Gottes
šarīʿa	das islamische Recht
šahīd	Märtyrer
šūrā	Beratung, Rat
ṭālibān	Studenten
ʿulamāʾ	Gelehrte
fatwā	Islamisches Rechtsgutachten
fidāʾiyīn	Freischärler
farḍ al-ʿain	Persönliche Glaubenspflicht eines Muslims
farḍ al-kifāya	Kollektive Glaubenspflicht aller Muslime
kuffār	Ungläubige
lal masǧid	Rote Moschee (Islamabad)
madāris	hier: Koranschulen
muftī	zum Erlass v. Rechtsgutachten befugter Religionsgelehrter
mullā	Prediger oder Geistlicher niederen Rangs
maulānā	Formeller Titel für Religionsgelehrte in Südasien
maulawī	Anrede für Religionsgelehrte in Südasien

Primärquellen

Al-Ḥaraka al-Waṭanīya l-Istiʿādat Siyāda Pākistān (Hrsg.): *Ḏabḥ aṣ-ṣuḥufī al-ǧāsūs Dānyāl Bīrl al-yahūdī*, 02/2002, URL: http://www.wretch.cc/video/f0806449k&func=single&vid=5836976 [Stand: 20.12.2010].

Ali, Chaudhary Rahmat: Now or Never: Are We to live or perish forever, Cambridge, 1933, URL: http://www.chaudhryrahmatali.com/now%20or %20never/index.htm [Stand: 19.07.2010].

Azhar, Moḥammed Masʿūd: The Virtues of Jihad (*Faẓā'il-e ǧihād*), published by Ahle Sunnah Wal Jama'at, Islamabad, 1996, URL: http://www.muslimtents.com/truepath/books/english/masood_azhar/ virtues.pdf [Stand: 21.11.2010].

Azhar, Moḥammed Masʿūd: Audiomitschnitt: urdu dars usama bin laden by masood azhar nasheed, in: Pakistan News, URL: http://www.pakistan.tv/videos-urdu-dars-usama-bin-laden-by-masood-azhar-nasheed-%5BNIqPzbV0xtw%5D.cfm [Stand: 19.10.2010].

ʿAzzām, Abdullāh: *ad-Difāʿ ʿan arāḍī l-muslimīn ahamm furūḍ al-aʿyān, farḍ al-ʿain wa farḍ al-kifāya*, URL: http://www.tawhed.ws/r1? i=3556&x=x483iubf [Stand: 19.07.2010].

Elif Medya (Hrsg.), Breininger, Eric: (Abdul Ghaffar El Almani): Mein Weg nach Jannah, 28.04.2010. Das Dokument liegt dem Autor vor.

Farağ, Muḥammad ʿAbdassalām: The Absent Obligation (*al-Ǧihād: al-farīḍa al- ǧā'iba*), Pakistan, 2000 (Neuauflage), URL: http://www.afghanvoice.com/Books/TheAbsentObligation.pdf [Stand: 19.07.2010].

Hum ǧihād kyūn kar rāhe hain, zitiert aus: Haqqani, Husain: The Ideologies of South Asian Jihadi Groups, in: Current Trends in Islamist Ideology, Ausgabe Nr.1, Washington, 2005, URL: http://www.currenttrends.org/research/detail/the-ideologies-of-south-asian-jihadi-groups [Stand: 21.11.2010].

Der Koran, Übersetzung von Rudi Paret, 11. Ausgabe, Stuttgart, 2010.

Maudūdī, Abū l-Aʿlā: Towards Understanding Islam (*Risāla-e dīniyāt*), Translated and Edited by K. Ahmed, Lahore, 1960, Neuauflage des United

Kingdom Islamic Mission Dawah Center (UKIMDC), URL:
http://www.islambasics.com/view.php?act=downloads [Stand: 14.07.2010].

Maudūdī, Abū l-A'lā: Jihād in Islām (*al-Ǧihād fī sabīl allāh: bil-luġat al-
'inklīzīya, lil-ittiḥād al-islāmī l-'ālamī lil-munaẓẓamāt aṭ-ṭullābīya*),
Neuauflage des Holy Koran Publishing House, Libanon, 1980, URL:
http://www.muhammadanism.org/Terrorism/jihah_in_islam/jihad_
in_islam.pdf [Stand: 19.07.2010].

Meḥsūd, Ḥakīmullāh: Videobotschaft *bayān min al-āmir Ḥakīmullāh Mas'ūd*
[sic] *wa baṭṭ al-mū'minīn bi-halāk al-kāfirīn*, angeblich vom 04.04.2010,
URL: http://www.archive.org/details/hakeemullah_mehsud_april2010
[Stand: 19.07.2010].

Sekundärliteratur

Abduction, torture of Umar Cheema, in: Daily Times Online, 07.09. 2010,
URL: http://www.dailytimes.com.pk/default.asp?page=2010\09\07\
story_7-9-2010_pg13_6 [Stand: 03.01.2011].

Abou Zahab, Mariam: Unholy Nexus: Talibanism and Sectarianism in
Pakistan's "Tribal Areas", 06/2009, URL:
http://www.humansecuritygateway.com/documents/CERI_Talibanism
Sectarianism_Pakistan_FATA.pdf [Stand: 21.11.2010].

Abou Zahab, Mariam/Roy, Olivier: Islamist Networks: The Afghan-Pakistan
Connection, London, 2002.

Afridi, Jamal: Kashmir Militant Extremists, in: Backgrounders, Council on
Foreign Relations online, 09.07.2009, URL:
http://www.cfr.org/publication/9135/kashmir_militant_extremists.html
[Stand: 18.12.2010].

Ahmad, Eqbal: What After Strategic Depth?, in: Dawn, 23.08.1998, URL:
http://pakteahouse.wordpress.com/2009/05/29/after-strategic-depth-
remembering-eqbal-ahmad/ [Stand: 04.12.2010].

Ahmed, Khaled: The Power of the Ahle Hadith, in: The Friday Times,
12.-18.07.2002, URL: http://www.hkv.org/articles/0702/106.htm
[Stand: 31.08.2010].

Akbar, Arifa: Millions of pounds are donated in UK as scale of the horror
emerges, in: The Independent, 10.10.2005, URL:

http://www.independent.co.uk/news/uk/this-britain/millions-of-pounds-are-donated-in-uk-as-scale-of-the-horror-emerges-510337.html [Stand: 19.12.2010].

Allen, Charles: The hidden roots of Wahhabism in British India, in: World Policy Journal, Summer, 2005, URL: http://findarticles.com/p/articles/mi_hb6669/is_2_22/ai_n29197222/?tag=content;col1 [Stand: 04.12.2010].

Another blot on the ISI, Editorial, in: www.dailytimes.com, 25.08.2002, URL: http://www.dailytimes.com.pk/default.asp?page=story_25-8-2002_pg3_1 [Stand: 04.12.2010].

Baberowski, Jörg: Afghanistan als Objekt britischer und russischer Fremdherrschaft im 19. Jahrhundert, in: Wegweiser zur Geschichte: Afghanistan, Paderborn, 2007.

Barnes, Julian E./Gorman, Siobhan/Wright, Tom: U.S. shifts tack on militant network, in: The Wall Street Journal, 13.-15.08.2010.

Barrowclough, Anne: 'Dead' Pakistan Taliban Leader threatens US strikes 'in a month', in: Times Online, 03.05.2010, URL: http://www.timesonline.co.uk/tol/news /world/us_and_americas/article7114708.ece [Stand: 19.07.2010].

Bergen, Peter/Cruickshank, Paul: Al-Qaeda-on-Thames: UK Plotters Connected, in: The Washington Post, 30.04.2007, URL: http://newsweek.washingtonpost.com/postglobal/needtoknow/2007/04/al_qaedaonthames_plotters_well.html [Stand: 19.12.2010].

Bergen, Peter/Pandey, Swati: The Madrassa Scapegoat, in: The Washington Quarterly, 01.03.2006, URL: http://www.newamerica.net/publications/articles/2006/the_madrassa_scapegoat [Stand: 13.10.2010].

Bilal, Ahmad: Another Lal Masjid in the Making?, in: The News, 23.06.2008, URL: http://ahmadb.freeshell.org/writings/articles.html [Stand: 03.01.2011].

Bin Laden's 'cash link' to hijackers, in: BBC News, 01.10.2001, URL: http://news.bbc.co.uk/2/hi/americas/1573090.stm [Stand: 18.12.2010].

Binnie, Jeremy/Le Mière, Christian: In the line of fire, in: Jane's Intelligence Review, Volume 21, Number 01, 01/2009.

Blanche, Ed: Lashkar-e taiba spreads its tentacles, in: Jane's Terrorism and Security Monitor, 01.09.2004.

Brisard, Jean-Charles: Das neue Gesicht der Al-Qaida: Sarkawi und die Eskalation der Gewalt, 2. Aufl., Berlin, 2005.

Chandran, Suba: Mending fences, in: Jane's Intelligence Review, Volume 20, Number 08, 08/2008.

Cobain, Ian/Taylor, Richard Norton: Rashid Rauf: The al-Qaida suspect caught, tortured and lost, in: The Guardian, 08.09.2009, URL: http://www.guardian.co.uk/uk/2009/sep/08/rashid-rauf-terrorism-torture-pakistan [Stand: 08.10.2010].

Coll, Steve: Lashkar-e-Taiba, in: The New Yorker, 01.12.2008, URL: http://www.newyorker.com/online/blogs/stevecoll/2008/12/lashkaretaiba.html [Stand: 19.12.2010].

Cross border hardcore, in: Jane's Terrorism and Security Monitor, 05.09.2008.

Davis, Craig: "A" is for Allah, "J" is for Jihad, in: World Policy Journal, Spring 2002, URL: http://www.jstor.org/pss/40209794 [Stand: 21.08.2010].

Davis, Anthony: How the Taliban became a military force, in: William Maley (ed.): Fundamentalism Reborn? Afghanistan and the Taliban, London, 1998.

Deutsche Morgenländische Gesellschaft: Denkschrift dem 19. Orientalistenkongress in Rom vorgelegt von der Transkriptions-kommission der DMG – Die Transliteration der arabischen Schrift in ihrer Anwendung auf die Hauptliteratursprachen der islamischen Welt, Leipzig, 1935. URL:http://www.aai.uni-hamburg.de/voror/Material/dmg.pdf [Stand: 03.01.2011].

Dietl, Wilhelm/Hirschmann, Kai/Tophoven, Rolf: Das Terrorismus-Lexikon: Täter, Opfer, Hintergründe, Frankfurt am Main, 2006.

Durodiè, Bill: Why "deradicalisation" is not the answer, in: spiked-online.com, 05.06.2008, URL: http://www.spiked-online.com/index.php/site/article/5229/ [Stand: 12.11.2010].

Ebert, Hans-Georg/Fürtig, Henner/Müller, Hans-Georg: Die Islamische Republik Iran, Bonn, 1991.

Elger, Ralf (Hrsg.): Kleines Islam-Lexikon: Geschichte, Alltag, Kultur, 5. aktual. u. erw. Aufl., München, 2008.

Erdbeben in Pakistan fordert viele Opfer unter den Armen, in: DW-World.de, 29.10.2008, URL: http://www.dw-world.de/dw/article/0,,3749716,00.html [Stand: 19.12.2010].

Fair, C. Christine: The Madrassah Challenge: Militancy and Religious Education in Pakistan, Washington, 2008.

Fazli, Shehryar: General Emergency, in: Jane's Intelligence Review, Volume 19, Number 12, 12/2007.

Fielding, Nick/Lamb, Christina: Cover Story: September 11: Natural born killer, in: The Sunday Times, 09.03.2003, URL: http://www.thesundaytimes.co.uk/sto/news/article43872.ece [Stand: 25.10.2010].

Filkins, Dexter/Mekhennet, Souad: Threats and Responses: The Money Trail; Pakistani Charity Under Scrutiny In Financing of Airline Bomb Plot, in: The New York Times, 14.08.2006, URL: http://query.nytimes.com/gst/fullpage.html?res=980DE4DC173EF 937A2575BC0A9609C8B63 [Stand: 18.12.2010].

Filkins, Dexter/Gall, Carlotta: A Nation Challenged: The Siege, Pakistanis Again Said To Evacuate Allies Of Taliban, in: The New York Times, 24.11.2001, URL: http://query.nytimes.com/gst/fullpage.html? res=9F04EFDB133AF937A15752C1A9679C8B63 [Stand 04.12.2010].

Functions (As per Article 230 of the Constitution), in: Council of Islamic Ideology, 2005, URL: http://www.cii.gov.pk/about/functions.asp [Stand 19.12.2010].

Fürtig, Henner: Iran's Rivalry With Saudi Arabia Between the Gulf Wars, Reading, 2002.

Hamza, El: Pakistan: A Nation, Lahore, 1941, URL: http://www.scribd.com/ doc/32938358/Pakistan-a-Nation [Stand: 19.07.2010].

Haqqani, Husain: The Gospel of Jihad, in: Foreign Policy, 01.09.2002, URL: http://www.foreignpolicy.com/articles/2002/09/01/the_gospel_of_jihad [Stand: 05.12.2010].

Haqqani, Husain: The Ideologies of South Asian Jihadi Groups, in: Current Trends in Islamist Ideology, Ausgabe Nr.1, Washington, 2005, URL: http://www.currenttrends.org/research/detail/the-ideologies-of-south-asian-jihadi-groups [Stand: 21.11.2010].

Harnisch, Sebastian: Das Proliferationsnetzwerk um A.Q. Khan, in: Aus Politik und Zeitgeschichte 48, 11/2005.

Hersh, Seymour: The Getaway, in: The New Yorker, 28.01.2002, URL: http://www.newyorker.com/archive/2002/01/28/020128fa_FACT [Stand: 04.12.2010].

Hippler, Jochen: Das gefährlichste Land der Welt? Pakistan zwischen Militärherrschaft, Extremismus und Demokratie, Köln, 2008.

Hizb-ul-Mujahideen, in: Jane's World Insurgency and Terrorism, 17.09.2008, URL: http://www.janes.com/articles/Janes-World-Insurgency-and-Terrorism/Hizb-ul-Mujahideen-HM-Pakistan.html [Stand: 18.12.2010].

Hodgson, Martin: Raids foiled Barcelona bomb plot, says judge, in: The Guardian, 24.01.2008, URL: http://www.guardian.co.uk/world/2008/jan/24/spain.international [Stand: 19.12.2010].

Holbrook, Donald: Using the Qur'an to Justify Terrorist Violence: Analysing Selective Application of the Qur'an in English-Language Militant Islamist Discourse, in: Perspectives on Terrorism, Volume IV, Issue 3, 07/2010, URL: http://www.terrorismanalysts.com/pt/articles/issues/PTv4i3.pdf [Stand: 30.09.2010].

Howenstein, Nicholas: The Jihadi Terrain in Pakistan: An Introduction to the Sunni Jihadi Groups in Pakistan and Kashmir, in: Pakistan Security Research Unit (PSRU), Research Report 1, 05.02.2008, URL: http://spaces.brad.ac.uk:8080/download/attachments/748/resrep1.pdf [Stand: 19.07.2010].

Hussain, Zahid: Freed Militant Surfaces, in: abc News.com, 05.01.2000, URL: http://web.archive.org/web/20000901092056/http://abcnews.go.com/sections/world/DailyNews/militants000105.html [Stand: 19.12.2010].

Indian hijack drama over, in: BBC News, 31.12.1999, URL: http://news.bbc.co.uk/2/hi/south_asia/584729.stm [Stand: 18.12.2010].

International Islamic Federation of Student Organizations, in: The Oxford Dictionary of Islam, URL: http://www.oxfordislamicstudies.com/article/opr/t125/e1050?_hi=0&_pos=11 [Stand: 09.12.2010].

Iqbal, Anwar: FBI rejects Mehsud's claim for NY attack, in: Dawn.com, 04.04.2009, URL: http://news.dawn.com/wps/wcm/connect/dawn-content-library/dawn/news/pakistan/baitullah-mehsud-claims-us-shooting-that-killed+13--qs [Stand: 19.12.2010].

Ishtiaq, Ahmed: The Concept of an Islamic State in Pakistan: An Analysis of Ideological Controversies, Lahore, 1991.

Isseroff, Ami: Abul Ala Maududi, in: Encyclopedia of the Middle East, 20.12.2008, URL: http://www.mideastweb.org/Middle-East-Encyclopedia/abul-ala-maududi.htm [Stand: 21.11.2010].

Jalali, Ali Ahmad/Grau, Lester W.: Afghan Guerrilla Warfare, St. Paul MN, 2001.

Jenkins, Philip: Clerical Terror: The roots of jihad in India, in: The New Republic, 24.12.2008, URL: http://www.tnr.com/article/clerical-terror [Stand: 04.12.2010].

John, Wilson: Lashkar-e-Tayyeba, in: Pakistan Security Research Unit (PSRU), Brief Number 12, 21.05.2007, URL: http://spaces.brad.ac.uk:8080/download/attachments/748/Brief12finalised1.pdf [Stand: 21.11.2010].

Kashmir connection, The; in: Jane's Terrorism & Security Monitor, 11.09.2006, URL: http://www.janes.com/articles/Janes-Terrorism-And-Security-Monitor-2006/The-Kashmir-connection.html [Stand: 18.12.2010].

Kaushik, Surendra Nath: Politics of Islamization in Pakistan: A study of Zia Regime, New Delhi, 2008.

Kepel, Gilles/Milelli, Jean-Pierre (Hrsg.): Al-Qaida: Texte des Terrors, Deutsche Ausgabe, München, 2006.

Kern, Soeren: Spain Tries Islamists over Barcelona Terror Plot, in: pajamasmedia.com, 16.11.2009, URL: http://pajamasmedia.com/blog/spain-tries-islamists-over-barcelona-terror-plot/ [Stand: 11.11.2010].

Kilcullen, David: The Accidental Guerrilla: Fighting Small Wars in the Midst of a Big One, New York, 2009.

Kirkup, James: Pakistanis ready to extradite 7/7 terror link to UK, in: News.scotsman.com, 10.09.2005, URL: http://news.scotsman.com/london bombings/Pakistanis-ready-to-extradite-77.2659898.jp [Stand: 19.12.2010].

Knobbe, Martin: Interview mit einem „Gefährder", in: stern.de, 13.09.2007, URL: http://www.stern.de/panorama/terrorverdaechtiger-fritz-gelowicz-interview-mit-einem-gefaehrder-597663.html [Stand: 19.12.2010].

Koch, Andrew/Rayhack, Kristin: Political Fallout: The threat to Pakistan's nuclear stability, in: Jane's Intelligence Review, Volume 20, Number 1, 01/2008.

Laabs, Dirk/Rotella, Sebastian: Terrorists in training are going to Pakistan:
A perilous new pattern emerges, illustrated by two cases in Europe, in:
Los Angeles Times, 14.10.2007, URL: http://articles.latimes.com/2007/oct/
14/world/fg-jihad14 [Stand: 18.12.2010].

Lamb, Christina: Just whose side is Pakistan really on?, in: The Sunday Times,
13.08.2006, URL: http://www.timesonline.co.uk/tol/news/uk/
article607597.ece [Stand: 21.11.2010].

Lamb, Christina: 'Nurseries of terror' surge in Pakistan, in: The Sunday Times,
30.03.2003, URL: http://www.thesundaytimes.co.uk/sto/news/
world_news/article455 [Stand: 25.10.2010].

Lashkar-e-Tayyiba, in: Jane's World Insurgency and Terrorism, 17.10.2010,
URL: http://www.janes.com/articles/Janes-World-Insurgency-and-
Terrorism/Lashkar-eTayyiba-LeT-Pakistan.html [Stand: 18.12.2010].

Lévy, Bernard-Henri: Qui a tué Daniel Pearl?, Paris, 2003.

Lia, Brynjar, Al-Qaeda online: Understanding jihadist internet infrastructure,
in: Jane's Intelligence Review, Volume 18, Number 01, 01/2006.

Lia, Brynjar: Global Jihadi Strategic Theory, Presentation at US Naval War
College, Newport, 15.-16.09.2009, Forsvarets forskningsinstitutt (FFI),
URL: http://www.mil.no/multimedia/archive/00136/Vedlegg3__US_Naval
__136308a.pdf [Stand: 21.11.2010].

Lugo, Luis E. (ed.): Mapping the Global Muslim Population: A Report on the
Size and Distribution of the World's Muslim Population, Washington,
2009, URL: http://pewforum.org/newassets/images/reports/
Muslimpopulation/Muslimpopulation.pdf [Stand: 24.01.2011].

Malik, Iftikhar: Pakistan: Democracy, Terror and the Building of a Nation,
London, 2010.

Malik, Jamal: Madrasas in South Asia, Teaching Terror? London/New York, 2008.

Malik, Jamal: Islamisierung in Pakistan 1977-84, Untersuchungen zur
Auflösung autochthoner Strukturen, in: Beiträge zur Südasienforschung,
Südasien-Institut, Universität Heidelberg, Band 128, Stuttgart, 1989.

Masood, Salman: Pakistani Leader Escapes Attempt at Assassination, in: The
New York Times, 26.12.2003, URL: http://www.nytimes.com/2003/12/26/
world/pakistani-leader-escapes-attempt-at-assassination.html
[Stand: 19.12.2010].

Mc Elroy, Damian: Mumbai attacks: Jews tortured before being executed
during hostage crisis, in: The Telegraph, 01.12.2008, URL:
http://www.telegraph.co.uk/news/worldnews/asia/india/3539171/Mumbai
-attacks-Jews-tortured-before-executed-during-hostage-crisis.html
[Stand: 19.12.2010].

Meacher, Michael: The Pakistan connection, in: The Guardian, 22.07.2004,
URL: http://www.guardian.co.uk/world/2004/jul/22/usa.september11
[Stand: 24.10.2010].

Mentschel, Stefan: Indiens Außenpolitik: Einführung und Überblick, in: bpb:
Bundeszentrale für politische Bildung, URL:
http://www.bpb.de/themen/ZVL89P,0,Indiens_Au%DFenpolitik.html
[Stand: 19.12.2010].

Mills, Elizabeth: General siege, in: Jane's Intelligence Review, Volume 19,
Number 08, 08/2007.

Mir, Amir: Talibanisation of Pakistan from 9/11 to 26/11, New Delhi, 2009.

Mishra, Santosh: Terrorists sexually humiliated guests before killing them, in:
Mumbai Mirror.com, 25.12.2008, URL: http://www.mumbaimirror.com/
index.aspx?page=article§id=15&contentid=2008122520081225
0225081731635eb98 [Stand: 22.08.2010].

Misra, Neelesh/Singh, Rahul: Terror from the Deep Blue, in: Daily News,
19.03.2007, URL: http://www.dailynews.lk/2007/03/19/fea02.asp
[Stand: 19.12.2010].

Moore, Cerwyn: Uzbek Terror Networks: Germany, Jamoat and the IJU, in:
Terrorism Monitor, Volume 5, Issue 21, 08.11.2007, URL:
http://www.jamestown.org/programs/gta/single/?tx_ttnews[tt_news]=
4533&tx_ttnews[backPid]=182&no_cache=1 [Stand 19.12.2010].

Mr. Jinnah's presidential address to the Constituent Assembly of Pakistan, in:
Dawn, Independence Day Supplement, transcribed from printed copy by
Shehzaad Nakhoda, 14.08.1999, URL: http://www.pakistani.org/pakistan/
legislation/constituent_address_11aug1947.html [Stand: 04.12.2010].

Murad, Khurram: Revolution: Through Bullet or Ballot, in: Tarjuman al-
Qur'ān, 01/1996, URL: http://www.scribd.com/doc/19215767/Revolution-
Through-Bullet-or-Ballot [Stand 27.12.2010].

Pervez Musharraf: Pakistan's leader comes down hard on extremists, in: CNN

World, 12.01.2002, URL: http://articles.cnn.com/2002-01-12/world/ pakistan.india_1_pakistan-and-india-pervez-musharraf-militant-islamic-groups?_s=PM:asiapcf [Stand: 04.12.2010].

Musharbash, Yassin: Ilyas Kashmiri: Der Mann, der Terror möglich macht, in: Spiegel Online, 18.11.2010, URL: http://www.spiegel.de/politik/ausland/ 0,1518,729854,00.html [Stand: 19.12.2010].

Nasr, Seyyed Vali Reza: Mawdudi and the Making of Islamic Revivalism, New York, 1996.

Nesser, Petter: Local Networks and Recruitment for the Jihad, Presentation given at the conference "Best Practices in European Counter Terrorism" hosted by the Center for Asymmetric Threat Studies (CATS) in cooperation with the US Department of State and Swedish National Defence College, Stockholm, 01.-02.11.2006, Forsvarets forskninginstitutt (FFI), URL: http://www.mil.no/multimedia/archive/00092/Local_ Networks_and_R_92976a.pdf [Stand: 21.11.2010].

Nesser, Petter: Lessons Learned from the September 2007 German Terrorist Plot, in: CTC Sentinel, Volume 1, Issue 4, 03/2008. URL: http://www.ctc.usma.edu/posts/lessons-learned-from-the-september-2007-german-terrorist-plot [Stand: 10.10.2012]

Nesser, Petter: The search for a jihadi identity in Europe, Paper presented at the conference "Understanding Jihadism: Origins, Evolution and Future Perspectives", Oslo, 19.-21.03.2009, Forsvarets forskningsinstitutt (FFI), URL: http://www.mil.no/multimedia/archive/00123/HKS_Petter_final_ 123303a.pdf [Stand: 19.12.2010].

Official: 15 of 19 Sept. 11 hijackers were Saudi, in: USA Today, 02.06.2002, URL: http://www.usatoday.com/news/world/2002/02/06/saudi.htm [Stand: 19.12.2010].

Pakistan, in: The World Bank, 2009, URL: http://data.worldbank.org/country/pakistan [Stand: 24.01.2011].

Pakistan: Reporter ermordet, Anschlag auf Presseclub, weitere Journalisten bedroht, in: www.reporter-ohne-grenzen.de, 19.02.2009, URL: http://www.reporter-ohne-grenzen.de/presse/pressemitteilungen/news-nachrichten-single/article/1/pakistan-reporter-ermordet-anschlag-auf-presseclub-weitere-journalisten-bedroht.html [Stand: 04.12.2010].

Pakistan Assessment 2010, in: South Asia Terrorism Portal, URL:
http://www.satp.org/satporgtp/countries/pakistan/ [Stand: 27.12.2010].

Pakistan's jihad collective, in: Jane's terrorism and security monitor,
11.05.2010, URL: http://www.janes.com/news/security/terrorism/jtsm/
jtsm090511_1_n.shtml [Stand: 19.07.2010].

Rahman, Tariq: Madrasas: the potential for violence in Pakistan?, in: Malik,
Jamal: Madrasas in South Asia, Teaching Terror? London/New York, 2008

Ramachandran, Sudra: Child soldiers: Easy to train, willing to kill, in: Asia
Times, 19.12.2003, URL: http://www.atimes.com/atimes/South_Asia/
EL19Df09.html [Stand: 19.12.2010].

Ramachandran, Sudra: Suicide, just another way to fight in Kashmir, in: Asia
Times, 24.07.2002, URL: http://www.atimes.com/atimes/South_Asia/
DG24Df02.html [Stand 19.12.2010].

Rana, Amir: A to Z of Jehadi organizations in Pakistan, Lahore, 2004.

Rashid, Ahmed: Descent into Chaos, The U.S. and the Disaster in Pakistan,
Afghanistan, and Central Asia, New York, 2008.

Rashid, Ahmed: Taliban, Afghanistans Gotteskrieger und der Dschihad,
2. überarb. Auflage, München, 2001.

Riaz, Ali: Faithful Education, Madrassahs in South Asia, New Jersey, 2008.

Robertson, Nic: Transcript: Afghan Taliban spokesman discusses war,
Interview in CNN World, 05.05.2009, URL: http://articles.cnn.com/2009-
05-05/world/afghan.taliban.transcript_1_suicide-attack-afghan-taliban-
zabiullah-mujahid?_s=PM:WORLD [Stand: 19.12.2010].

Roy, Olivier: The Failure of Political Islam, translated by Carol Volk,
Cambridge, MA, 1994.

Rüb, Matthias: Amerikas neuer Blick auf den Terrorismus, in: FAZ.net, 2010,
URL: http://www.faz.net/s/Rub0CCA23BC3D3C4C78914F85BED
3B53F3C/Doc~EAC0018CC31104671AA2F19B9EF87C2AF~ATpl~
Ecommon~Scontent.html [Stand: 27.10.2010].

Saad-Ghorayeb, Amal: Hizbu'llah, Politics and Religion, London, 2002.

Schetter, Conrad: Afghanistan zwischen Chaos und Machtpolitik, in: Politik
und Gesellschaft Online, 02/1998, URL:
http://www.fes.de/ipg/ipg2_98/artschetter.html [Stand: 04.12.2010].

Schetter, Conrad: Der afghanische Bürgerkrieg, in: Wegweiser zur Geschichte: Afghanistan, Paderborn, 2007.

Schetter, Conrad: Talibanistan – Der Anti-Staat, in: Internationales Asienforum, Ausgabe 38, Nr. 3-4, 2007, URL: http://www.mgfa-potsdam. de/html/einsatzunterstuetzung/downloads/schetterasienforum.pdf [Stand: 19.07.2010].

Schmid, Alex P./Jongman, Albert J.: Political Terrorism, 3rd ed., London, 2005.

Scholz, Jorge: Der Pakistan-Komplex, Ein Land zwischen Niedergang und Nuklearwaffen, Regensburg, 2008.

Scholz, Sebastian: Taliban aus Deutschland, in: Welt Online, 04.05.2010, URL: http://www.welt.de/die-welt/politik/article7462357/Taliban-aus-Deutschland.html [Stand: 19.12.2010].

Security Council Committee established pursuant to resolution 1267 (1999) concerning Al-Qaida and the Taliban and Associated Individuals and Entities, in: United Nations Documentation, URL: http://www.un.org/sc/committees/1267/ [Stand: 19.12.2010].

Shafqat, Saeed: Civil-Military Relations in Pakistan: From Zulfikar Ali Bhutto to Benazir Bhutto, New York, 1997.

Shafqat, Saeed: From Official Islam to Islamism: The Rise of Dawat-ul-Irshad and Lashkar-e-Taiba, in: Christophe Jaffrelot (ed.), Nationalism without a Nation?, London/New Delhi, 2002.

Shazad, Syed Saleem: Pakistan groups banned but not bowed, in: Asia Times, 18.12.2008, URL: http://www.atimes.com/atimes/South_Asia/ JL18Df01.html [Stand: 19.12.2010].

Shane, Scott: Pakistan Detains Five Americans in Raid Tied to Militants, in: The New York Times, 10.12.2009, URL: http://www.nytimes.com/2009/ 12/10/world/asia/10inquire.html [Stand: 21.11.2010].

Siddique, Qandeel: The Red Mosque operation and its impact on the growth of the Pakistani Taliban, in: FFI-rapport, 2008/01915, 08.10.2008, URL: http://www.mil.no/multimedia/archive/00115/Qandeel_Siddique_-__ 115418a.pdf [Stand: 21.11.2010].

Siddique, Qandeel: What is Lashkar-e-Taiba?, A seminar presentation at Norsk Utenrikspolitisk Institutt (NUPI) on 10.12.2008, Forsvarets forskninginstitutt (FFI), 10.12.2008, URL: http://www.mil.no/multimedia/

archive/00118/Qandeels_foredrag_1_118041a.pdf [Stand: 21.11.2010].

Steinberg, Guido: Der nahe und der ferne Feind: Die Netzwerke des islamistischen Terrorismus, München, 2005.

Steinberg, Guido: Im Visier von Al-Qaida: Deutschland braucht eine Anti-Terror-Strategie, Hamburg, 2009.

Steinberg, Guido: Saudi-Arabien: Politik, Geschichte, Religion, München, 2004.

Stenersen, Anne: Are the Afghan Taliban Involved in International Terrorism?, in: CTC Sentinel, Vol. 2, Issue 9, 09/2009.

Stenersen, Anne: Foreign fighters in Afghanistan and Pakistan after 9/11, Paper presented at the conference "Understanding Jihadism: Origins, Evolution and Future Perspectives", Oslo, Forsvarets forskningsinstitutt (FFI), 19.-21.03.2009, URL: http://www.mil.no/multimedia/ archive/ 00123/HKS_Anne_final_123301a.pdf [Stand: 21.11.2010].

Stern, Jessica: The Ultimate Terrorists, Cambridge, 1999.

Straw, Jack, in: House of Commons Hansard Written Answers for 16 Jan 2002, URL: http://www.publications.parliament.uk/pa/cm200102/cmhansrd/ vo020116/text/20116w06.htm [Stand: 27.12.2010].

Swami, Praveen: Terrorism in Jammu and Kashmir in theory and practice, in: India Review, Vol. 2, No. 3, 07/2003.

Swami, Praveen: Online jehad, in: Frontline, Vol. 23, Issue 01, 14.-27.01.2006, URL: http://www.flonnet.com/fl2301/stories/ 20060127005901300.htm [Stand: 06.11.2010].

Swami, Praveen: 'Party of exiles' eyes the coming Kashmir polls, in: The Hindu, 30.05.2008, URL: http://www.hindu.com/2008/05/30/stories/ 2008053061271700.htm [Stand: 27.12.2010].

Talbot, Ian: The Punjabisation of Pakistan: Myth or Reality?, in: Christophe Jaffrelot (ed.), Pakistan – Nation, Nationalism and the State, Lahore, 2002.

Talbot, Ian: Pakistan: A Modern History, London, Updated edition, 2009.

Tankel, Stephen: Lashkar-e-Taiba, From 9/11 to Mumbai, in: Developments in Radicalisation and Political Violence, April/Mai 2009, URL: http://www.icsr.info/news/attachments/1240846916ICSRTankelReport.pdf [Stand: 19.07.2010].

Travis, Alan: New plan to tackle violent extremism, in: The Guardian, 03.06.2008, URL: http://www.guardian.co.uk/uk/2008/jun/03/uksecurity.islam [Stand: 12.11.2010].

Tribal tribulations, in: Jane's Intelligence Review, Vol. 21, No. 02, 02/2009.

United States Department of State, Office of the Coordinator for Counterterrorism: Country Reports on Terrorism 2005, 04/2006, URL: http://www.state.gov/documents/organization/65462.pdf [Stand: 19.12.2010].

U.S. warned India about possible Mumbai attack, in: CNN World, 01.12.2008, URL: http://articles.cnn.com/2008-12-01/world/india.attacks2_1_mumbai-indian-police-indian-authorities?_s=PM:WORLD [Stand: 18.12.2010].

Valentine, Simon Ross: The Tehrik-i-Taliban Pakistan: Ideology and Beliefs, in: Pakistan Security Research Unit (PSRU), Brief Number 49, 08.09.2009, URL: http://vwiki.cen.brad.ac.uk:8080/download/attachments/748/Brief+49B.pdf [Stand: 19.07.2010].

Waldman, Amy: The Tightrope Is Fraying Under the President of Pakistan, in: The New York Times, 30.12.2003, URL: http://www.nytimes.com/2003/12/30/world/the-tightrope-is-fraying-under-the-president-of-pakistan.html?pagewanted=3 [Stand: 19.12.2010].

Waraich, Omar/Adda, Shewa: Fleeing the Taliban, Pakistani Refugees in Limbo, in: TIME Magazine, 27.05.2009, URL: http://www.time.com/time/world/article/0,8599,1900906,00.html [Stand: 04.12.2010].

Wehner, Markus: Alle aussteigen, bitte!, in: FAZ.net, 25.07.2010, URL: http://www.faz.net/s/Rub594835B672714A1DB1A121534F010EE1/Doc~E63E62157FCDD438F955395AFE5E95B75~ATpl~Ecommon~Scontent.html [Stand: 12.11.2010].

Wieland, Carsten: Nationalstaat wider Willen, Frankfurt/New York, 2000.

Wöhler-Khalfallah, Khadija Katja: Maududis „Als Muslim leben" im Widerstreit mit den Normen der liberalen, rechtsstaatlichen und säkularen Demokratie, in: Armin Pfahl-Traughber (Hrsg.), Jahrbuch für Extremismus- und Terrorismusforschung 2008, Brühl, 2008, S. 464-496, URL: http://www.woehler-khalfallah.de/woehler-khalfallah_jet2008.pdf [Stand: 21.11.2010].

Wright, Robin: Haqqani Back in D.C., Where Everybody Knows His Name, in:

The Washington Post, 16.05.2008, URL: http://www.washingtonpost.com/wp-dyn/content/article/2008/05/15/AR2008051503401.html [Stand: 27.11.2010].

Yong, Tan Tai: The Garrison State: Military, Government and Society in Colonial Punjab 1849-1947, Lahore, 2005.

Yousaf, Mohammed/Adkin, Mark: Die Bärenfalle. Der Kampf der Mudschahedin gegen die Rote Armee, Düsseldorf, 1992.

Yussuf, Hamid: Pakistan: A Study of Political Development 1947-1997, Lahore, 1998.

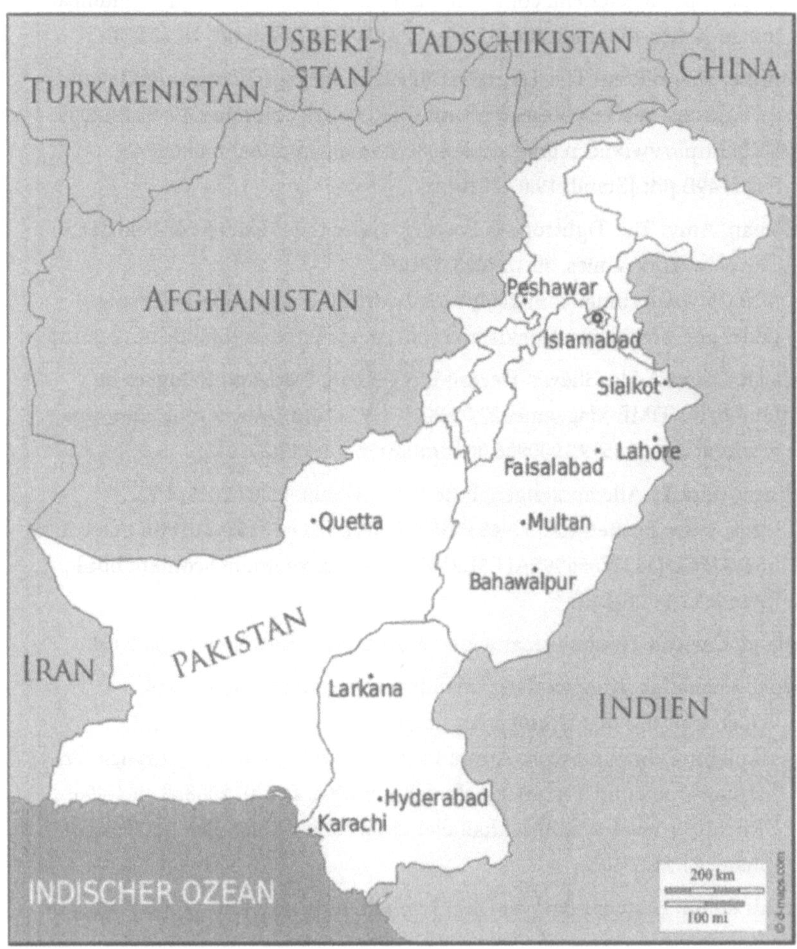

Studien zum Modernen Orient

SMO 11

Charlotte Joppien

Die türkische Adalet ve Kalkinma Partisi (AKP)

Eine Untersuchung des Programms »Muhafazakar Demokrasi«
(Konservative Demokratie)

Berlin 2011. Br. 211 S., 978-3-87997-389-7

SMO 13

Fawzi Habashi

Prisoner of All Generations

My Life in the Homeland Egypt

Berlin 2011. Pb. 292 pp., 978-3-87997-350-7

SMO 17

Nadine Kreitmeyr

Der Nahostkonflikt durch die Augen Ḥanẓalas

Stereotypische Vorstellungen im Schaffen
des Karikaturisten Naği al-ʿAli

Berlin 2012. Br. 140 S., 978-3-87997-402-3

SMO 18

Yuriy Malikov

Tsars, Cossacks, and Nomads

The Formation of a Borderland Culture in Northern Kazakhstan
in the 18th and 19th Centuries

Berlin 2011. Pb. 321 pp., 978-3-87997-359-8

SMO 19

Claus Schönig/Ramazan Çalık/Hatice Bayraktar (Hg.)

Türkisch-deutsche Beziehungen

Perspektiven aus Vergangenheit und Gegenwart

Berlin 2012. Br. 426 S., 978-3-87997-386-6

KLAUS SCHWARZ VERLAG · BERLIN